Mathilde & Sligo

Cavalière !

Mon histoire • Mes conseils
Mes routines sportives

L'influenceuse préférée
des **amoureux du cheval**

Merci à Léa, passionnée d'équitation,
qui a permis cette belle rencontre avec Mathilde et Sligo.

Préface

C'est avec beaucoup de plaisir que je me suis prêté au jeu de la préface du livre *Cavalière*, l'ouvrage de Mathilde.

En effet, beaucoup de plaisir parce que, pour moi, Mathilde incarne de façon moderne, nouvelle, jeune, « La Cavalière » d'aujourd'hui en restant toujours très proche de toutes les valeurs que nous apporte notre vie au contact des chevaux, des poneys.

Partagés avec vous tous, cette passion du cheval, cette belle transmission équestre à travers la jeunesse de Mathilde et ce bel ouvrage me donnent confiance en l'avenir de nos cavaliers et cavalières de demain.

Très bonne lecture et aventures équestres !

Bosty

Roger-Yves Bost, cavalier de saut d'obstacles sacré champion d'Europe en 2013 en individuel, puis champion olympique aux jeux Olympiques d'été de Rio en 2016.

Introduction

J'ai toujours été passionnée par les chevaux : j'aime la connexion si particulière qui se construit avec l'animal lorsqu'on monte à cheval. J'apprécie qu'il y ait une infinité de perspectives d'évolutions sportives dans l'équitation, mais surtout j'aime les chevaux.

On a trop souvent entendu que l'équitation n'était pas un sport. Il est vrai, monter à cheval est bien plus qu'un sport, c'est un tout. C'est en effet le seul sport « individuel » qui se pratique à deux, le premier sport mixte à être représenté aux jeux Olympiques, ou encore le seul qui implique de faire confiance à un animal de 500 kg, lui-même athlète à part entière. Il n'y a pas d'équitation sans travail, pas d'équitation sans relation saine avec son cheval, pas d'équitation sans passion. C'est d'ailleurs cette dernière qui anime les cavaliers au plus profond d'eux-mêmes et c'est elle qui nous réunit tous, nous qui appartenons à la grande famille que constitue le monde du cheval.

J'ai toujours eu le bonheur d'être entourée des bonnes personnes pour me faire évoluer en selle et j'ai été chanceuse d'avoir des mentors sur qui m'appuyer dans ce voyage de la découverte du monde équestre. C'est un chemin riche en apprentissages, en remises en question et en échecs qui font grandir. La route n'est pas toujours évidente : c'est pourquoi je voudrais aujourd'hui t'y accompagner de la meilleure façon possible.

Tu trouveras dans ce livre des conseils pour t'aider au mieux dans ton parcours équestre, des premières leçons aux compétitions, en passant par l'acquisition d'un cheval et les soins à lui procurer.

Sommaire

Préface 3
Introduction 5

Leçon 1
Un PANSAGE parfait pour une bonne séance 11
Place au pansage ! 12
Mon matériel de pansage préféré 14
Entretenir les pieds de son cheval 16
Un cheval propre en toutes circonstances 18

Leçon 2
Avant de se mettre en SELLE 21
Le travail à pied 22
Exercices à pied avec ton cheval 24
Bien équiper son cheval : la selle 26
Bien équiper son cheval : le filet 28

Leçon 3
Choisir sa DISCIPLINE pour s'épanouir 31
Trouver sa discipline 32
Paroles de champions 34
D'autres disciplines 36
Mes meilleures adresses de stages 38
Réussir ses Galops® 40

Mathilde & Sligo

Leçon 4
Le shopping pour bien S'ÉQUIPER 43

Du matériel adapté à sa pratique 44
Les premiers achats 46
Tops et brassières 48
Protection et sécurité 50
Garder son matériel comme neuf 52

Leçon 5
Apprendre à gérer son STRESS 55

Dominer sa peur à l'obstacle 56
Des objectifs et un bon coach 58
Un équipement sécurisant 60
Bien respirer pour se détendre 62
Travailler avec un préparateur mental 64

Leçon 6
Avoir SON PROPRE cheval 67

Devenir propriétaire 68
Un cheval en demi-pension 70
Longer son cheval 72
Monter seul 74
Les maladies et leurs symptômes 76
Un cheval en bonne santé 78
L'alimentation de ton cheval 80
DIY bonbons pour chevaux 82

Leçon 7
Prendre SOIN de son cheval 85
Argile et bandes de repos 86
Le massage et le shiatsu équins 88
La balnéothérapie 90
Le mental du cheval 92
Un programme pour 1 mois 94

Leçon 8
Développer sa PERSÉVÉRANCE 97
Patience et travail 98
La mise en selle 100
Pour progresser à cheval 102
Regarder les autres monter 104
Les personnalités inspirantes du monde équestre 106
Programme sportif 108
Snacks healthy pour les écuries 110
Les nouvelles technologies 112

Leçon 9
Sortir en COMPÉTITION 115
Compétitions et concours 116
Embarquer son cheval dans un van 118
Check-list pour ne rien oublier 120
La tenue de concours 122
Retenir ses reprises et parcours 124
Les plus beaux concours de France 126
Les plus beaux concours à regarder 128

Leçon 10

Gérer les changements de SAISON 131

L'impact des saisons sur le cheval 132

L'été aux écuries 134

Lutter contre les mouches 136

Doucher son cheval 138

En hiver, protéger son cheval du froid 140

Survivre à l'hiver à cheval 142

Leçon 11

Faire de belles PHOTOS à cheval 145

La photographie équine 146

Les meilleures conditions climatiques 148

Les oreilles toujours en avant 150

Des photos féeriques 152

Leçon 12

Avant tout S'AMUSER 155

L'équitation, un loisir et un sport 156

Partir en balade à cheval 158

Les meilleurs spots de randonnée équestre 160

Emmener son cheval à la plage 162

Mes comptes Instagram préférés 164

Remerciements 167

Leçon 1

Un PANSAGE parfait pour une bonne séance

Place au pansage !

Avant de se mettre en selle, il faut s'occuper de sa monture… et pour cela, place au pansage ! Le pansage est le moment où tu nettoies ton cheval (surtout s'il est gris et qu'il s'est roulé dans son pré *juste* avant que tu arrives). Tu dois aussi vérifier qu'il n'a pas de problèmes de santé visibles, et surtout, c'est le moment où tu apprends à le connaître.

La bonne technique

Si les crins de la queue de ton cheval sont très emmêlés, l'idéal est de commencer par démêler les pointes, puis de remonter progressivement jusqu'à la base. Cela évitera d'accumuler les nœuds en bas de la queue et de casser les crins.

Étape 1
Curer les sabots

Personnellement, quand un cheval vit au box, je choisis toujours de lui curer les pieds avant de l'en sortir, cela évite de devoir nettoyer les écuries 15 fois dans la journée, surtout si tu as plusieurs chevaux à monter. Et s'il vit au pré, je choisis alors de curer les pieds dans l'aire de pansage. Bien évidemment, il ne faut pas oublier de curer ses sabots après le travail, pour enlever le sable, la terre ou les cailloux qui auraient pu s'y glisser.

Étape 2
Démêler les crins

Ensuite, j'aime bien continuer mon pansage en m'occupant de la crinière et de la queue. Pour cela, j'applique un démêlant spécifique qui permet d'enlever les nœuds plus facilement, mais aussi de renforcer les crins. Ensuite, un coup de brosse à crins pour retirer la paille, la terre et les nœuds, puis le tour est joué !

Étape 3
Nettoyer le poil

Pour bien brosser sa monture, il faut utiliser, dans l'ordre, une étrille, puis une brosse dure et enfin une brosse douce. La première enlève la boue séchée et décolle les poils, la deuxième ôte la poussière et la troisième peaufine le travail pour un résultat avec brillance garantie !

Étape 4
Les petits soins en plus

Tu peux aussi nettoyer le contour des yeux et des naseaux avec une lingette spécialisée ou une éponge humide, cela permet d'enlever la poussière et de faire briller ces parties-là.

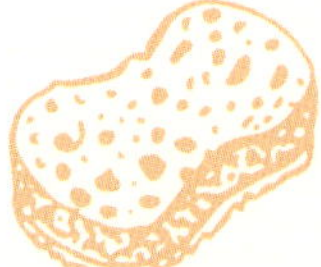

Si tu découvres que ton cheval a une blessure superficielle, comme une égratignure sans danger, tu peux la désinfecter, puis appliquer une crème cicatrisante qui permet à la peau de se régénérer et aux poils de repousser.

FOCUS

Mon matériel de pansage préféré

Bien que le pansage soit universel, chaque cavalier a ses propres habitudes, ses astuces et son matériel favori pour s'occuper de son cheval. Voici mes produits et accessoires préférés pour un bon pansage !

Soin complet du sabot, Nacricare®

Pour entretenir la corne des pieds de ta monture et avoir des sabots brillants et solides. J'utilise cette graisse depuis quelques années maintenant et j'en suis très satisfaite.

Cure-pied Kentucky®

C'est un cure-pied d'un certain prix, mais c'est de loin la meilleure qualité que j'ai vue depuis longtemps en termes de durabilité et de résistance.

Brosse douce Animalon®

Ses poils sont d'une douceur incroyable et parfaits pour lustrer le poil de ta monture.

Étrille Animalon®

L'indispensable des massages, elle est ergonomique et légère.

Démêlant à crins ShowSheen®

Un de mes démêlants préférés ! Il est assez onéreux, mais il fonctionne super bien, il sent trop bon et surtout il dure dans le temps. La bouteille sur cette photo a au moins 2 ans et elle est encore pleine à moitié !

Un peigne et une brosse à crins

Le nécessaire à coiffer de ton cheval… ça fonctionne aussi très bien pour te recoiffer après ta séance, crois-moi !

Silver Cleanse, Nacricare®

Un désinfectant pour les petites blessures, il permet de nettoyer et d'éviter les bactéries.

Brosse Uniqhorse®

C'est une brosse douce classique, avec le côté shiny en plus, j'adore !

Lésion, Nacricare®

C'est un cicatrisant pour les plaies superficielles, à toujours avoir en cas de petits bobos.

FOCUS

Entretenir les pieds de son cheval

« Pas de pied, pas de cheval ! »

Le pied est l'une des parties les plus importantes du cheval. Il faut prendre extrêmement soin des sabots de ta monture. Le curage est certes primordial, mais un entretien régulier est également nécessaire pour la bonne santé des sabots.

Les visites du maréchal-ferrant

Que ton cheval ait des fers ou soit pieds nus, il est important qu'il puisse voir le maréchal-ferrant de manière régulière. Généralement, une ferrure se change tous les mois et demi, et le parage doit se faire de manière très régulière, donc nécessite un peu plus d'entretien.

Il existe aujourd'hui de grands questionnements au sujet des fers et du pied nu, et beaucoup d'avis divergent.

Selon moi, chaque cheval a ses particularités et c'est à son propriétaire et à son maréchal-ferrant de voir ce qui lui convient le mieux.

Une alternative aux fers : les semelles

D'autre part, il existe aujourd'hui des alternatives au fer : les semelles. Elles permettent de protéger le sabot des agressions extérieures, tout en amortissant les chocs dans les pieds et dans les tendons, car elles ne sont pas en métal, mais en plastique. Elles évitent ainsi le problème de « résonance » causé par le métal des fers. De plus, elles reproduisent l'environnement du pied nu, car elles permettent à la fourchette et aux glomes d'avoir de la mobilité, en ayant un appui direct sur le plastique.

Mathilde & Sligo

Mon poney Sligo a eu des fers aux antérieurs pendant près de 8 ans, que l'on changeait toutes les 5 à 6 semaines. À l'heure actuelle, il a des semelles qui viennent de chez Impulse® Horse Runners et qui sont en vente au prix de 49 € la paire.

La graisse à pied

La graisse, aussi appelée « onguent », est un élément bénéfique pour le pied, bien que non indispensable. Elle permet de nourrir la corne au niveau de la sole du pied (dessous du sabot) et de la paroi (partie extérieure du sabot) et de les garder en bonne santé. Il en existe différents types : onguent noir, onguent blond, onguent vert, graisse pour faire pousser la corne… chaque problème rencontré peut ainsi trouver sa solution. N'hésite pas à demander à ton coach ou à ton maréchal quelle graisse serait adaptée aux pieds du cheval que tu montes, il saura t'aiguiller.

Si ton cheval a d'importants soucis de pied, la graisse ne les résout pas, elle n'est là que pour le « détail » final. Pense à regarder l'alimentation de ton cheval pour être sûr qu'il n'a pas de carences, et parles-en à des professionnels, comme ton entraîneur ou bien un vétérinaire.

Mathilde & Sligo

Pour Sligo, j'utilise de la graisse blonde et parfois aussi la Corne Cassante de chez Nacricare®, qui permet de prévenir les fissures du sabot, notamment en été lorsque les terrains sont secs.

FOCUS Un cheval propre en toutes circonstances

Un pansage « classique » ne résout pas les problèmes de poussière abondante, de taches d'herbe ou de boue. Si tu montes un cheval à la robe claire, tu dois sans doute connaître les fameuses taches jaunes... Voici quelques conseils pour en venir à bout et pouvoir poster tes plus belles stories sur Instagram !

Nettoyer une tache

Tout d'abord, munis-toi d'une brosse de type « étrille » pour enlever le maximum de saletés au niveau de la tache. Il faut alors s'armer de courage et de patience… Le plus souvent, tu pourras en éliminer une grande partie, mais la teinte jaune sera toujours un peu présente.

Si la tache survit au brossage, la première option est d'utiliser un « détachant » à sec, qui permet d'enlever le plus gros en urgence. Il faut l'appliquer directement sur le lieu du « crime » et frotter à nouveau.

Confidence

Un jour, en concours au Mans, Sligo avait des taches jaunes, car il avait dormi dans la paille. Je n'avais que 20 minutes pour le préparer, j'ai couru à la sellerie du concours pour trouver un détachant qui m'a (presque) sauvé juste avant l'épreuve !

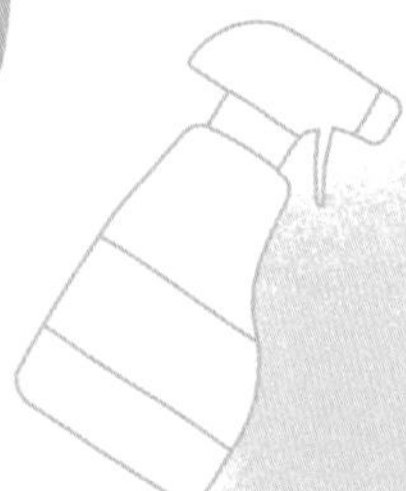

La douche

La deuxième option n'est envisagée que si la première ne vient pas à bout de la tache. Et c'est à contrecœur que je dois te l'annoncer : c'est la douche ! Tu peux te servir d'un shampoing pour chevaux, vendu dans n'importe quelle sellerie.

Il est donc assez compliqué de retirer des taches très incrustées en hiver, quand il fait trop froid pour doucher ton cheval… voire quand l'eau a gelé !

Photoshop

La toute dernière solution, idéale sur les réseaux sociaux, est finalement… Photoshop ! En moins de 5 minutes, ton cheval redevient d'un gris éclatant. Même avec 3 heures de soins, il n'aurait pas été aussi propre !

Leçon 2

Avant de se mettre en SELLE

Le travail à pied

Après avoir pansé son cheval, que fait-on ? On monte dessus ? Pas forcément ! Si une leçon est souvent synonyme de séance à cheval, l'équitation ne se résume pas uniquement à cela : c'est en réalité beaucoup plus complet.

Construire un lien avec son cheval

Dans de nombreux centres équestres, on commence à monter à cheval avec des séances « débutant », qui nous mènent ensuite au passage des Galops® et finalement aux niveaux supérieurs. Cependant, le lien entre le cheval et le cavalier est primordial et il se construit d'abord et surtout au sol. Il se crée dès les premiers instants où l'on rencontre sa monture et se conforte pendant le pansage, comme nous l'avons vu précédemment.

Confidence

Avant, Sligo était très craintif... dur à croire quand on sait qu'il s'est promené à Paris en 2019 ! En réalité, on a beaucoup travaillé la désensibilisation pour en arriver là où on en est aujourd'hui. C'est vraiment un travail de long terme, et même si tu ne vois pas de résultat immédiat, il ne faut pas perdre espoir !

Entretenir une relation avec un cheval, que ce soit un équidé du club ou le sien, nécessite de l'attention, du travail et beaucoup de temps.

À quoi sert le travail à pied ?

Le travail à pied (TAP), souvent appelé « éthologie », se résume en l'apprentissage de mécanismes par le cheval sans que le cavalier soit sur son dos. Il permet de nouer un lien entre les deux parties et de solidifier la confiance de l'un envers l'autre. C'est un travail qui demande beaucoup d'investissement et de temps, mais qui permet de « simplifier », par la suite, l'entraînement à cheval. En effet, le travail à pied peut, par exemple, enseigner au cheval comment répondre à différents stimuli : la voix, les sons, un contact précis à un endroit. Une fois hissé sur son dos, le cavalier pourra réutiliser ces stimuli dans son travail monté. De plus, cela peut aider le cavalier à se mettre en confiance.

On appréhende moins de grimper sur le dos d'un animal de 500 kg quand on a appris à le connaître un peu plus.

Un travail sur la confiance

Que tu sois en club ou que tu sois propriétaire, je te conseille donc d'entretenir la relation avec ton cheval en apprenant à vous connaître, à pied dans un premier temps. Il existe beaucoup d'exercices pour désensibiliser un cheval qui permettent de consolider ta relation avec lui.

Désensibiliser, c'est-à-dire entraîner le cheval à ne pas craindre les bruits ou à réagir à des situations, est très important et fonde le travail à pied.

FOCUS

Exercices à pied avec ton cheval

Beaucoup d'exercices de désensibilisation sont utilisés dans le travail avec les jeunes chevaux. Ils sont bien évidemment réalisables quel que soit l'âge de ta monture et permettent de l'habituer à des situations que tu pourrais rencontrer au quotidien avec lui.

Le lieu

Commence par emmener ton cheval dans un lieu propice au travail : une carrière ou un rond de longe si tes écuries en ont un. Il faut simplement lui avoir mis un licol et une longe, de préférence éthologiques, au préalable.

Exercice 1

Les aides artificielles

Tu peux utiliser une cravache ou un stick et le passer sur tout le corps de ton cheval. Cela permet de lui montrer que ce n'est pas un objet dangereux ou qui doit faire peur, bien au contraire, et qu'à cheval, il n'est utilisé que pour assister les aides naturelles (jambes, mains, assiette) en cas de nécessité.

Exercice 2

Le drapeau

Tu peux aussi utiliser un drapeau. Pour commencer, il vaut mieux se munir d'un drapeau de petite taille pour que le bruit soit minime. Tu peux l'agiter, en commençant doucement, évidemment, puis plus fort, voire l'agiter au-dessus du dos de ton cheval. Une fois que ton cheval n'a plus du tout peur, tu peux continuer avec un drapeau de taille supérieure.

Cet exercice est très utile, surtout si tu sors en concours où il y a souvent des drapeaux qui claquent au vent en bord de piste.

Exercice 3
Le bruit du sol

Un autre exercice est d'apprendre à ton cheval à te suivre en toutes circonstances. Tu peux étaler au sol une bâche en plastique en la sécurisant avec des barres ou des cônes de chaque côté. L'idée, c'est de passer sur la bâche avec ton cheval en le tenant en longe, le but étant de le désensibiliser au bruit des pas sur un matériau inhabituel. C'est notamment très utile si tu sors souvent en balade parce que tu peux être confronté à des éléments nouveaux et bruyants à chaque promenade.

Mathilde & Sligo

L'utilisation de la voix est très importante pour faire comprendre au cheval que ce qu'il fait est bien. Pour ma part, je dis simplement « oui » ou « voilà » quand un exercice est correctement réalisé par Sligo. Ainsi, il sait que c'est ce que j'attendais de lui, puisque j'utilise toujours les mêmes codes sonores pour le féliciter.

Bien équiper son cheval : la selle

Avant de te mettre à cheval, il faut équiper ta monture. Pour cela, tu dois choisir une selle et un filet adaptés à ta morphologie et à celle de ton cheval.

Mes selles sont toutes les deux des monoquartiers

Il n'y a qu'une épaisseur de cuir entre ma jambe et le flanc de mon cheval, et le sanglage se fait assez bas. Je préfère monter en monoquartier, car je trouve qu'on est plus au contact du cheval.

Une selle adaptée au cheval

La selle est quasiment indispensable à la pratique des sports équestres montés, bien que certaines personnes montent à cru. Peu importe ta discipline, ta selle se doit d'être bien adaptée au dos de ton cheval pour ne pas le gêner ni le blesser dans le travail. C'est pourquoi il vaut mieux faire appel à des professionnels pour t'accompagner dans le choix de cette acquisition. Tu peux demander conseil à ton coach, faire appel à une marque qui te fera une selle sur mesure, ou bien prendre rendez-vous avec un *saddle fitter*, qui prendra les mesures parfaites du dos de ta monture, pour ensuite trouver sur le marché la selle la mieux adaptée à tous les deux.

« Le challenge de ce métier est de réussir à répondre aux attentes du cavalier tout en complétant les besoins du cheval. Une selle bien adaptée doit parfaitement épouser le dos du cheval tout en dégageant ses épaules et sans gêner le garrot. Il faut qu'elle soit équilibrée sur le dos du cheval à l'arrêt et pendant le travail. »

Marc-André van Delft,
expert en selle
du Groupe Voltaire

Un amortisseur

L'utilisation d'un amortisseur peut être une bonne alternative, le temps de trouver l'option parfaite, si ta selle n'est pas tout à fait ajustée au dos de ton cheval. Lorsque ta selle est adaptée, l'amortisseur peut toutefois servir à réduire les vibrations et les chocs si ton cheval en a besoin. Pour savoir si c'est le cas, demande conseil à ton coach ou à un professionnel de santé qui pourra jauger la sensibilité de son dos. Si tu as ta propre selle et que tu montes différents chevaux, l'amortisseur aide également à l'adapter à leurs différentes ossatures. Il existe aussi des pads en mousse pour réajuster le niveau de la selle si nécessaire.

Confidence

L'amortisseur existe en différentes matières, mais ma préférée reste le Mesh 3D, qui est anatomique et respirant.

Un tapis de monte à cru

Enfin, si tu ne souhaites pas utiliser de selle, mais que tu ne te débrouilles pas encore bien à cru (car on peut se l'avouer, ce n'est pas le plus pratique), tu peux opter pour un tapis de monte à cru. C'est un produit en plein essor et très facile à trouver en sellerie ou en ligne. Il te permet de te hisser sur le dos de Petit Tonnerre sans étriers, comme si tu étais à cru, mais avec un maintien du bas de ton corps et une protection supplémentaire pour le dos de ton cheval. Personnellement, mon tapis de monte à cru vient de chez Cheval Ami®, et il est 100 % *made in Germany* !

Bien équiper son cheval : le filet

Trouver le bon filet et le bon mors, c'est comme chercher une aiguille dans une botte de foin… Pas toujours évident ! Il existe des dizaines de mors avec des actions toutes différentes, des matériaux qui varient et des prix qui peuvent surtout monter très vite. Voici quelques conseils pour choisir un matériel adapté à ton cheval.

Comment choisir ?

Premièrement, pour trouver le filet idéal, c'est assez simple : il faut commencer par les bases. Réfléchis à ce que tu veux faire avec ton cheval, quels sont vos points forts et vos points faibles. Tu peux ensuite te pencher sur les actions des mors et des filets existant sur le marché. Bon courage, car il y en a plein ! Quelles actions de mors seraient utiles dans ta pratique équestre au quotidien ? Une fois que tu as répondu à cette question, tu peux définir quelle embouchure et quel filet correspondraient le mieux à la bouche et à la tête de ton cheval (voir quelques exemples ci-contre). Bien évidemment, ce ne sont que des déductions théoriques, il faut aussi les tester sur le terrain !

Le bon choix

LE MORS SIMPLE
C'est le plus classique de tous !

LE MORS À AIGUILLES
Il permet d'encadrer et de guider le cheval, il est utile pour les jeunes chevaux.

LE MORS À OLIVE
Il est souvent utilisé pour les chevaux sensibles au niveau des commissures des lèvres.

Tester le mors

Généralement, quand je souhaite tester un mors, je l'utilise avec parcimonie : par exemple une ou deux fois par semaine à l'entraînement. Cela permet de voir si tu observes une vraie différence entre ton mors habituel et le mors « test ». L'essayer une seule fois n'est pas suffisant. Parfois, tu peux faire une séance géniale un jour et catastrophique le lendemain : tout n'est pas uniquement lié à ton équipement, ou au mors utilisé. Le résultat d'une séance repose aussi sur tes émotions et celles de ta monture. Une mauvaise séance ne traduit pas toujours que le matériel est inadapté, il faut donc le tester à plus long terme pour se faire un avis.

La monte sans mors

Si tu souhaites monter sans mors, parce que ton cheval a une bouche très sensible, ou simplement parce que tu en as envie, tu peux opter pour différents équipements qui sont appelés *ennasures* et qui permettent d'avoir un contact avec la tête du cheval pendant le travail, sans passer par sa bouche. Celui que j'utilise le plus est le filet *bitless* (littéralement « sans mors »). Je trouve qu'il s'ajuste facilement, s'adapte à différentes morphologies et surtout, qu'il n'est pas trop dur sur la tête du cheval, même si tu as une main forte. Mon bitless vient de chez Nalanta® et a de super jolis détails métalliques au niveau de l'ennasure. Si jamais tu décides de tester un filet sans mors, essaie d'être bien encadré et d'utiliser un équipement que tu maîtrises pour ne pas avoir de soucis dans le travail avec ton cheval.

Pour tester un mors, vois s'il est disponible dans la sellerie de ton club ou emprunte-le à quelqu'un.

Voici mon filet de dressage à gauche, et celui de saut, à droite

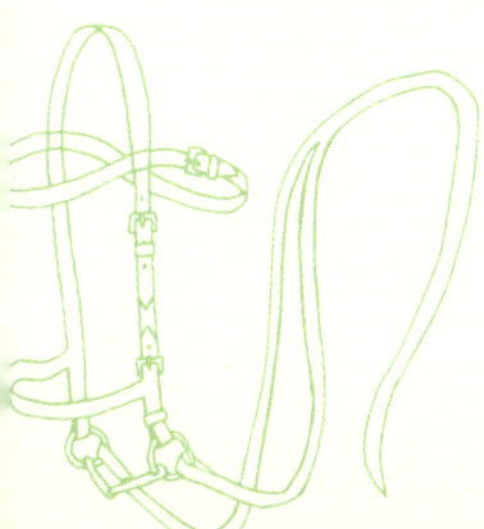

Leçon 3

Choisir sa DISCIPLINE pour s'épanouir

Trouver sa discipline

Si la plupart des cavaliers commencent à monter à cheval très jeunes, ce n'est pas le cas de tout le monde, mais il n'est jamais trop tard pour s'atteler à la tâche ! Je dois l'avouer, cela semble plus effrayant lorsqu'on est grand, mais c'est toujours possible, promis ! Et même si tu montes déjà à cheval, tu vas ici découvrir des disciplines équestres qui pourraient t'intéresser, avec de super adresses pour les tester.

La passion des chevaux

L'essentiel, c'est d'être passionné par les chevaux, ça c'est évident ! Ensuite, pour vraiment s'épanouir à cheval, le mieux est de trouver LA discipline qui te fait vibrer. Et autant dire qu'il y a du choix : dressage, saut d'obstacles, CCE… Je te propose ici un petit zoom sur les trois disciplines olympiques, que tu peux pratiquer en loisir comme en compétition, et qui sont à la portée de tous !

Le dressage

Le dressage consiste en un enchaînement de figures sur une carrière que l'on appelle « carré de dressage ». Ah… Ces superbes heures de mise en selle le samedi après-midi… Que de souvenirs ! Heureusement que le dressage, ce n'est pas que ça ! « Pirouette, appuyer, allongement » sont des mots que tu as déjà dû entendre, sans toujours les associer à un exercice en particulier. Certains sont certes très techniques, mais les autres sont abordables, et ce, dès tes débuts à cheval.

En concours, les figures sont notées sur 10 par des juges, la note finale est un pourcentage qui fait la moyenne de toutes les notes. Le vainqueur est le cavalier avec le pourcentage le plus élevé.

Le saut d'obstacles

Tu as sans doute entendu parler de cette discipline ou peut-être l'as-tu déjà pratiquée ? Elle consiste en un enchaînement d'obstacles chronométré. Le but est de ne faire tomber aucune barre en essayant d'aller le plus vite possible. L'équipe de France excelle en la matière puisqu'elle a notamment remporté une médaille d'or par équipe lors des jeux Olympiques de Rio en 2016.

Cependant, le saut d'obstacles, plus communément appelé CSO (Concours de saut d'obstacles) n'est pas unique en son genre, et il existe des variantes très intéressantes de cette discipline, notamment le hunter (voir ci-contre).

Le CCE

On ne peut pas faire plus complet que le CCE et, en cela, il porte bien son nom : Concours complet d'équitation. Rassemblant le dressage, le saut d'obstacles et le cross, il permet au cavalier et au cheval de se diversifier, d'évoluer sur trois épreuves qui les testent selon différents critères.

La pratique du hunter

En France, le hunter est assez souvent pratiqué en club pour améliorer sa position à cheval sur un parcours d'obstacles, car c'est un mélange de sauts et de dressage, ce qui oblige le cavalier à tracer un joli parcours, avec une allure maîtrisée entre les barres et une belle position. Personnellement, j'ai eu la chance de faire du hunter en compétition en Irlande du Nord et je dois avouer que j'ai adoré !

FOCUS Paroles de champions

Parce qu'ils sont allés à Rio, à Tokyo, à Tryon ou même ailleurs, sur d'autres incroyables pistes internationales, j'ai souhaité leur donner la parole ici, pour qu'ils défendent non pas cette fois-ci leur drapeau national, mais bien les couleurs des disciplines qui les font vibrer... Rencontre avec Christopher Six, Juan Matute Guimon et Martin Fuchs.

Christopher Six

Cavalier de l'équipe de France de CCE, médaillé de bronze par équipe aux jeux Olympiques de Tokyo 2020

« J'ai commencé l'équitation dans une écurie de CCE qui accueillait des compétitions et j'ai très vite baigné dans cette discipline. J'ai toujours été fasciné par le fait de pouvoir réaliser trois tests différents sur un même concours et de devoir être performant sur les trois. J'ai ainsi naturellement et très rapidement commencé le cross. C'est le test qui amène le plus d'adrénaline selon moi. Le parcours de cross est le reflet de la confiance mutuelle entre le cheval et son cavalier : sur le terrain de cross, on ne force jamais un cheval et il nous fait confiance jusqu'au bout.

J'aime le fait que le Concours complet requiert de nombreuses qualités, autant pour le cheval que pour le cavalier, qu'il faille un travail régulier et une remise en question permanente. Le lien entre le cheval et son cavalier y est très précieux.

J'aime former des chevaux et les voir évoluer dans cette discipline. C'est le Concours complet qui me fait vibrer, j'ai encore plein d'objectifs à atteindre, notamment aux Championnats du monde prochainement, mais je souhaite aussi plus généralement m'améliorer dans la FEI Ranking List au niveau mondial. »

Juan Matute Guimon

Cavalier de dressage espagnol, médaillé d'or aux Championnats d'Europe junior 2015

« Petit, j'ai accompagné mon père, lui-même cavalier de dressage, sur beaucoup de beaux terrains de concours. Même si je montais déjà un peu avant, c'est ainsi que je me suis orienté vers le dressage et c'est là que ma passion pour cette belle discipline est née. J'aime l'élégance et la beauté du dressage, la légèreté que l'on ressent à cheval et la discrétion des aides du cavalier. Le lien qu'il y a entre le cavalier et son cheval est magique.

J'ai beaucoup de très bons souvenirs, mais je crois que les meilleurs restent ma victoire en individuel aux Championnats d'Europe junior de 2015 ainsi que ma participation aux Jeux équestres mondiaux (JEM) de Tryon en 2018 alors que j'avais encore peu d'expérience, que j'étais jeune. Mes projets pour l'avenir sont de pouvoir participer aux JEM de 2022 au Danemark pour y représenter mon pays. »

Martin Fuchs

Cavalier de saut d'obstacles suisse, médaillé d'or par équipe aux Championnats d'Europe 2021, numéro 1 mondial en 2019

« J'ai commencé l'équitation chez mes parents, à la maison, puis j'ai pris des cours dans un poney-club avec d'autres jeunes de mon âge. Le jumping a toujours été ancré dans mes gènes et dans ma famille, et j'ai toujours beaucoup aimé cette discipline. J'aime la vitesse qu'il faut avoir en piste, la hauteur des obstacles à franchir, mais aussi la technique nécessaire à cela. Ce qui m'anime le plus dans ce sport, c'est la relation qu'on a avec le cheval. Il faut former une réelle équipe avec lui.

Je pense que mon meilleur souvenir avec les chevaux est un souvenir partagé avec ma mère quand j'étais tout petit. Elle-même cavalière, elle m'avait pris avec elle sur son cheval lors d'une remise des prix d'un Grand Prix dont elle était vainqueur.

Pour la suite, mes objectifs sont de rester dans le Top 10 mondial et de remporter les épreuves Major du Rolex Grand Slam. »

D'autres disciplines

Tu souhaites essayer de nouvelles disciplines et ne pas te limiter à celles que j'ai évoquées précédemment ? Voici une présentation rapide et non exhaustive d'autres pratiques qui peuvent te plaire...

L'endurance

C'est un peu le marathon version cheval. Alliant course et extérieur, si tu aimes la randonnée et la compétition, c'est réellement fait pour toi !

Le TREC

Le TREC, c'est comme le CCE : 3 épreuves avec un classement final. Les tests sont cependant différents de ceux du complet. On y retrouve un Parcours d'orientation (POR), une épreuve de Maîtrise des allures (MA) où il faut conserver le bon pas, puis le bon galop, et un Parcours en terrain varié (PTV) avec différentes sortes d'obstacles.

Confidence

J'ai essayé le Ride and Run et, malgré mon manque de cardio, j'ai trouvé ça plutôt fun !

L'attelage

Pour faire simple : au lieu d'être sur le cheval, tu es dans une voiture attelée derrière lui. Il peut aussi y avoir plusieurs chevaux qui la tirent. En compétition, il y a jusqu'à 3 épreuves : Dressage, Marathon et Maniabilité. C'est une discipline beaucoup plus technique qu'elle ne paraît, mais aussi et surtout très cool à pratiquer. J'en ai fait en France et aux Pays-Bas, et les deux fois, j'ai vraiment adoré.

Le Ride and Run

Si tu souhaites concourir en duo avec un de tes amis et que vous aimez autant l'équitation que la course à pied, c'est ta discipline de prédilection. Cela consiste en un parcours à deux sportifs, l'un étant à cheval et l'autre courant à pied. À mi-chemin, ils échangent leur poste : le cavalier devient coureur et inversement.

L'équitation western

L'équitation western est une discipline héritée des cowboys : on utilise ici une selle western et un filet spécial. Elle est encore peu démocratisée en France. Pourtant, elle est très intéressante et tout aussi complexe que l'équitation classique. Il y a diverses disciplines au sein même du western : certaines avec de l'adrénaline, d'autres avec plus de précision, d'autres encore avec de la vitesse.

J'ai récemment fait un cours de western avec Julien Sermet, vidéo à retrouver sur ma chaîne YouTube.

FOCUS

Mes meilleures adresses de stages

www.annabelle-poneyclub.com
@poneyclubannabelle

Poney Club Annabelle

Sennevières (Centre-Val de Loire)

Si tu aimes les randonnées, le saut, le dressage et le travail à pied, c'est le lieu idéal pour faire des stages pendant les vacances. Il est situé en bordure de forêt avec plein de chemins de balade, et l'ambiance y est très familiale.

www.thomasweinberg.com
@thomasweinberg

Écurie Thomas Weinberg

Aix-la-Chapelle (Allemagne)

Pour suivre des cours de saut d'obstacles dans un cadre incroyable, c'est LE lieu. Thomas est un super coach de saut, les écuries sont tout près du mythique CHIO[1] d'Aix-la-Chapelle et la carrière est bordée d'immenses sapins, parfaits pour les photos !

1. CHIO : Concours hippique international officiel

Écurie Commenge

Liverdy-en-Brie (Seine-et-Marne)

Si tu souhaites suivre un cours de dressage technique et fun à la fois, Frédérique et Nicolas seront les coachs parfaits pour te faire progresser.

www.ecurie-commenge.com
@ecurie_commenge

@delage_maeva

Maeva Delage

(Yvelines)

Cavalière de dressage au niveau Grand Prix, Maeva t'aidera à te perfectionner en dressage et à travailler dans la minutie. Ses écuries sont à une trentaine de minutes de Paris, dans les Yvelines.

D'autres stages

Si tu souhaites faire des stages particuliers, n'hésite pas à te rendre sur le site de la FFE pour savoir s'ils sont organisés dans ta région. Tu peux aussi directement te renseigner auprès du club dans lequel tu montes afin d'organiser un stage avec un coach dans tes propres écuries.

Magdalena Pommier

Pour t'aider à découvrir le travail à pied et apprendre à désensibiliser ton cheval, tu seras entre de bonnes mains. Magda pourra t'initier à ce qui est communément appelé « l'équitation éthologique » pour retravailler les bases de la relation homme/cheval à pied et en selle. Elle est coach à domicile et organise des stages dans diverses écuries, tu peux donc te renseigner pour savoir si elle intervient près de chez toi.

http://magdalenapommier.eu

http://ecuries-ecaussinnes.com/fr

@ecuries.ecaussinnes

Écuries d'Écaussinnes

(Belgique)

C'est une superbe structure qui s'étend sur près de 38 hectares au sud de Bruxelles. Le champion olympique Éric Lamaze s'entraîne notamment là-bas.

Réussir ses Galops®

Le jour d'un examen, il est toujours difficile de se détendre, c'est la même chose pour le passage d'un Galop® ! Le stress, la peur de ne pas y arriver, d'oublier tout ce qu'on a pourtant révisé... voici mes conseils pour réussir malgré tout !

La théorie

Commence à réviser bien avant l'examen. Je suis moi-même la professionnelle des révisions à la dernière minute, mais je conseille de s'y prendre à l'avance, cela enlève une grande partie du stress le jour J. Pour cela, tu peux soit te fonder uniquement sur les guides fédéraux des Galops® et sur les infos fournies par ton club, soit créer tes propres fiches de révision. Le mieux est de réunir les informations théoriques essentielles au passage de ton Galop®, à savoir du vocabulaire précis et technique sur différentes thématiques.

La pratique

Passer son Galop® est aussi synonyme d'équitation montée, le plus souvent. Place à la pratique ! Si tu passes un Galop® « classique », tu auras sans doute une épreuve de Dressage et une autre de Saut d'obstacles.

L'épreuve de dressage

Pour le dressage, tu dois réviser ta reprise à l'avance et la retenir. Quand je revois mes reprises de dressage, j'aime bien les répéter à pied, soit en grandeur réelle dans la carrière, soit dans un endroit avec un peu de place pour la faire en taille « réduite ». Tu n'as plus qu'à dessiner en ordre chronologique les figures à réaliser, sans oublier de mémoriser avec précision les lettres (repères des carrières et manèges) où tu dois les effectuer.

L'épreuve de saut

Si tu passes ton Galop®, c'est que tu t'es entraîné en amont, y compris à l'obstacle. Il suffit donc de mémoriser ton parcours et de le monter comme tu le fais habituellement, avec fluidité et, surtout, en RESPIRANT ! N'oublie pas de respirer pendant ton parcours et de te détendre !

Ça y est, c'est le D-Day…

Pas de panique, si tu t'es inscrit au passage de Galop®, c'est que tu as le niveau. Tu as révisé et tu t'es entraîné à cheval, tout va bien se dérouler ! Respire un grand coup, et ça va le faire !

La bonne technique

Petite astuce, pour bien respirer pendant ton parcours de jumping : chante une chanson à voix haute ! Cela t'aidera à te détendre puisque tu seras alors obligé de respirer… et tu pourras en même temps t'entraîner pour « The Voice » !

Confidence

J'ai révisé toutes mes reprises de Galop® en les marchant dans ma chambre et je continue à le faire ! C'est le plus simple et le plus pratique !

Leçon 4

Le shopping pour bien S'ÉQUIPER

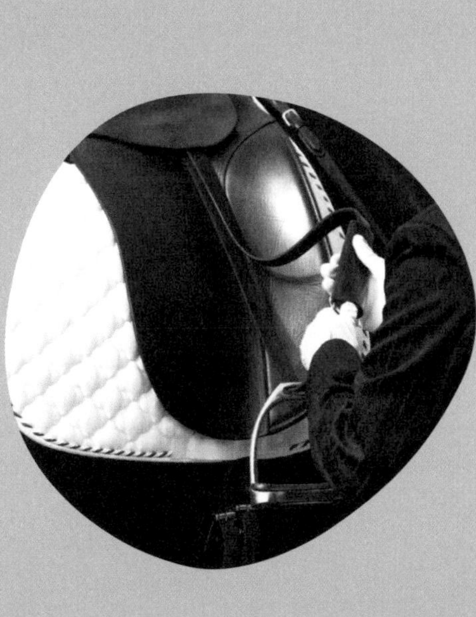

Du matériel adapté à sa pratique

Quand on monte régulièrement à cheval, il vaut mieux s'équiper avec du matériel technique qui dure. Et il faut avouer qu'un peu de shopping de temps en temps, ça fait du bien ! Sors un carnet et un stylo, et prépare ta liste de cadeaux de Noël ou d'anniversaire, car je vais te donner quelques idées !

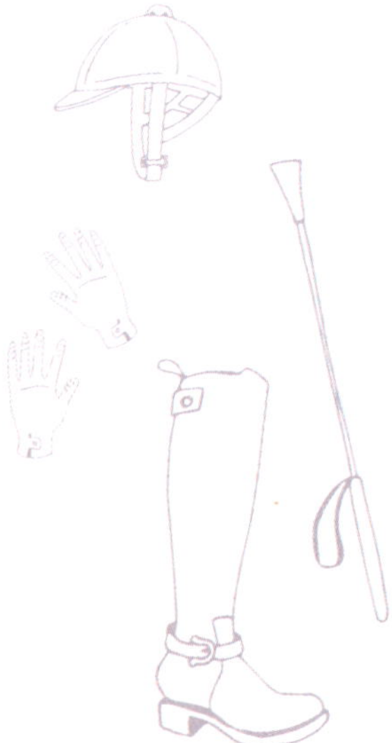

Pour quelle discipline ?

Tout d'abord, il faut connaître tes besoins, qui sont liés de près à la discipline que tu pratiques. Un cavalier de dressage n'aura évidemment pas le même équipement qu'un cavalier d'endurance. Au sein même de ta discipline, il existe forcément des variantes d'un équipement ou d'un autre, le tout est de savoir ce qui te serait utile, ce qui est dans ton budget et surtout ce qui te plaît.

Ensuite, le mieux est bien sûr d'aller essayer en boutique : s'il y a des concours près de chez toi, il y a forcément des stands ou des boutiques sur place. Sinon, tu peux toujours commander en ligne pour essayer ta taille si les renvois sont gratuits.

Acheter d'occasion

Tu trouveras de super affaires sur des sites de seconde main comme Vinted® sur lequel tu peux dénicher des articles à prix vraiment réduit. Cela peut être un lieu pour vendre tes anciennes affaires ou pour en trouver de nouvelles. Pas besoin de chercher des heures pour trouver ce qui te plaît, il y a de tout, même du matériel sportif pour les cavaliers !

En plus, c'est une alternative écofriendly !

Quelles sont les tendances ?

Ces dernières années, on a vu de nouvelles tendances apparaître (ou réapparaître) en matière d'équipement du cheval et du cavalier. À mon plus grand désespoir, les tapis rayés chocolat-pistache des années 2010 (que j'ai encore dans mon garage) ne sont pas revenus sur le devant de la scène, mais on a eu le droit à de nouvelles pépites ! La mode des tapis velours, celle des grandes visières et celle des guêtres effet « mouton » nous ont envahis en quelques mois, sur les réseaux sociaux comme sur les terrains de concours. À quoi cela sert-il *vraiment* ? L'intérêt du fond de peau sur ton pantalon ? Celui des visières de casque « Lady » ? Des questions que l'on s'est tous posées… Dans les pages qui suivent, je vais essayer de te donner les clés pour un shopping parfait qui te permettront de dénicher tes nouveaux articles préférés !

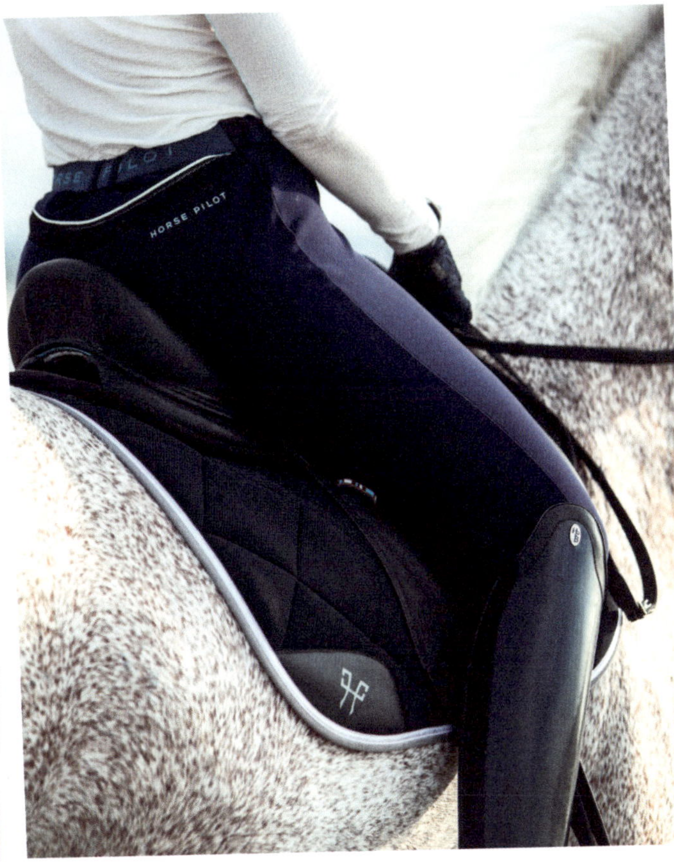

Les premiers achats

Puisqu'il faut bien débuter quelque part, commençons par s'équiper d'un pantalon d'équitation et de chaussettes.

Des éléments utiles

Le fond de peau ou le grip sont super utiles pour bien adhérer à ton siège si tu fais du dressage ! Il existe aussi des modèles avec du grip au niveau des genoux qui permettent d'avoir une jambe plus fixe, peu importe ta discipline !

Le pantalon

Aujourd'hui, on en trouve de toutes les couleurs, de toutes les matières et surtout à tous les prix. Les marques s'adaptent bien, en général, aux différentes morphologies, et si tu ne trouves pas ton bonheur dans un magasin, certaines marques proposent un service sur mesure.

Si tu es grand·e comme moi, tu peux opter pour un modèle taille haute avec de longues jambes, comme chez Pikeur® par exemple. Il faut un budget confortable pour acheter leurs modèles, mais ils durent vraiment longtemps et sont de très bonne qualité. Je me souviens avoir acheté un Pikeur® en 2017 au Salon du cheval de Paris, et il est encore en super état !

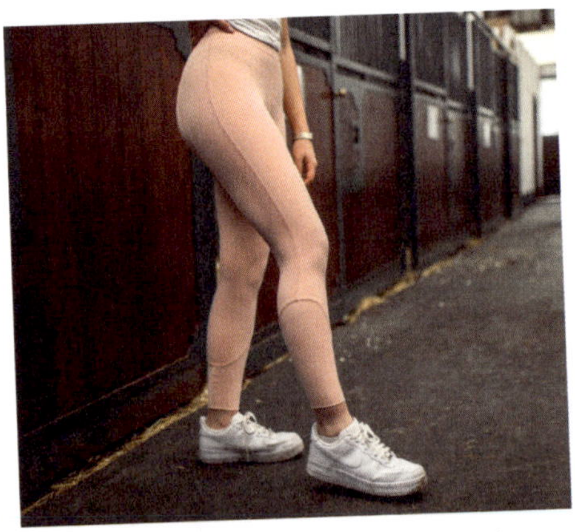

Pour un look un peu streetwear, aujourd'hui, il existe aussi des leggings d'équitation. Mes leggings viennent de chez Pomme® ou Maya Delorez®, et la qualité est super !

Les chaussettes

C'est un petit élément de ta tenue, mais qui peut faire toute la différence. Pour être à l'aise dans tes boots ou tes bottes, tes chaussettes doivent être bien adaptées. L'idéal est d'avoir des chaussettes d'équitation hautes, bien que certaines personnes préfèrent monter avec des chaussettes basses « de ville ». Si tes mini-chaps ou tes bottes sont ajustées pile à ta taille, il est primordial de choisir des chaussettes très fines spécifiques pour ce genre de situation. Elles te permettront d'enfiler tes bottes sans difficulté, alors qu'avec une paire de chaussettes d'équitation classiques, ce serait peut-être trop juste.

En hiver, tu peux opter pour des chaussettes d'équitation « spécial hiver » : elles sont souvent molletonnées au niveau du pied et restent très fines sur le mollet (un peu comme un collant). Cela permet d'avoir chaud aux orteils tout en étant capable de fermer ses bottes !

Confidence

Si tu ne sais pas vers quelle marque te diriger, tu peux regarder du côté de chez KozySocks®, où le modèle Mathilde & Sligo est disponible.

Il est trop canon le modèle Mathilde et Sligo !

Tops et brassières

Passons maintenant à l'équipement du haut du corps, car il ne suffit pas d'enfiler un pantalon pour aller se mettre à cheval !

Le top

À cheval, la liberté de mouvement est super importante. Il faut avoir de la mobilité, donc ne pas être comprimé dans un mini *crop top instagrammable*… Heureusement, tu n'as pas non plus besoin de sortir ton vieux sweat *oversize* du placard ! Je t'ai moi-même préparé une petite sélection de tops idéals pour ta prochaine séance de mise en selle. L'avantage, c'est qu'il y en a pour tous les goûts et tous les budgets !

Top manches longues Samshield®

Parfait pour t'accompagner pendant les fraîches matinées ou les journées d'hiver, il est fin et ajusté, et surtout, il garde bien au chaud.

Polo sans manches Fouganza (Decathlon®)

Idéal pour l'été, il dégage les mouvements des épaules et des bras et sa matière évite la transpiration excessive. De plus, il est très abordable en termes de budget.

La brassière de sport

Elle est très importante pour les cavalières et il ne faut surtout pas négliger son utilisation. En effet, les rebonds liés à la pratique de l'équitation, ou à d'autres sports d'ailleurs, peuvent créer des problèmes de dos et des douleurs de poitrine (à long terme) en cas de port d'un soutien-gorge classique. Ce dernier n'est en réalité pas adapté à la pratique d'un sport comme l'équitation et c'est pourquoi il faut avant tout préférer les brassières de sport : elles permettent d'éviter les tensions, les plaies et les blessures au niveau des tissus et des ligaments mammaires.

La poitrine est une partie du corps fragile et sensible, il faut donc la préserver des chocs existants lors des entraînements à cheval.

Avec un équipement confortable, on se sent bien en toute situation !

Protection et sécurité

Avant de se mettre en selle, n'oublions pas les éléments de protection incontournables.

Même pour faire de belles photos pour Instagram, n'oublie pas de porter ton casque. Cela concerne ta sécurité et c'est super important de ne pas l'oublier.

Choisir son casque

Pailletés, vernis, couverts de strass, les casques ne passent plus inaperçus ! Depuis que la championne olympique Pénélope Leprévost a lancé la mode des grandes visières, on ne voit plus que ça sur les détentes de concours. Et pour cause, en plus d'être super esthétiques et très féminins, ces casques sont géniaux, car ils protègent beaucoup mieux du soleil. Cela fait maintenant plusieurs années que je monte en portant de grandes visières et pour rien au monde je ne changerais !

La bonne technique

Pour choisir son casque, il faut d'abord mesurer sa tête avec un mètre souple : on pose le mètre au niveau du front, puis on fait le tour en passant bien par la bosse de l'arrière du crâne, qui est la partie la plus forte. Avec la mesure obtenue, il ne reste plus qu'à choisir son casque sur Internet ou bien aller l'essayer en boutique !

Si tu commences tout juste l'équitation, ne t'inquiète pas, les clubs prêtent généralement des casques aux cavaliers qui n'en ont pas.

Casque Egide®
C'est mon casque, 100 % made in *France ! Il est ultra léger, avec plein de couleurs et de personnalisations disponibles.*

Bottes Hathor® et Petrie®

J'ai 3 paires de bottes de dressage, toutes personnalisées et coquées.

Les bottes

Comme les casques, elles se déclinent souvent en plusieurs matières et coloris. Étant cavalière de dressage, je monte avec des bottes coquées, mais j'ai comme tout le monde commencé avec des boots, des mini-chaps et des bottes classiques.

La différence entre des bottes coquées et classiques, c'est que les coquées sont beaucoup plus rigides sur l'extérieur du mollet et permettent ainsi de garder la jambe plus fixe pendant le travail à cheval. Qui dit plus rigide, dit aussi plus de mal à les « faire », c'est-à-dire à les adapter exactement à ta morphologie pendant les premières utilisations.

Mes premières bottes de dressage ont été très douloureuses, car j'avais choisi un modèle « polo », c'est-à-dire que le zip est à l'avant sur le tibia, donc quand elles sont pile à ta taille, cela fait un peu plus mal, en particulier avec une première paire de coquées. Si tu veux investir dans des bottes coquées et si c'est ta première paire, je te conseille donc vraiment de tester un modèle « classique » et de ne pas faire la même erreur que moi !

Confidence

Quand j'ai acheté ma première paire de bottes coquées, j'ai eu mal pendant plusieurs mois, avec des ampoules et des bleus quotidiens ! Il faut de la patience et du courage pour casser le cuir à la forme de sa jambe !

Pour avoir des bottes de dressage pas trop chères, tu peux aller chez Krämer®.

FOCUS

Garder son matériel comme neuf

Investir dans du matériel de qualité, c'est bien, mais le garder longtemps, c'est mieux ! Voici 4 conseils et astuces pour faire perdurer ton équipement malgré la poussière des écuries et le mauvais temps !

Mon embauchoir !
Deux bouteilles d'eau en plastique bien refermées que je glisse dans mes bottes.

Tip numéro 1

Garder des bottes neuves

Pour que tes bottes soient toujours impeccables au niveau de leur forme, il te faut des embauchoirs. Ils ne sont pas toujours évidents à trouver et certains finissent même par déformer un peu la botte. À la place et pour garder tes bottes comme neuves, utilise deux bouteilles d'eau en plastique. Après les avoir bues, referme-les de façon à ce que de l'air reste à l'intérieur et qu'elles restent rigides.. Tu n'as plus qu'à les glisser dans tes bottes, cela permettra au cuir de se maintenir à la forme de ton mollet sans se plier ni se détendre trop.

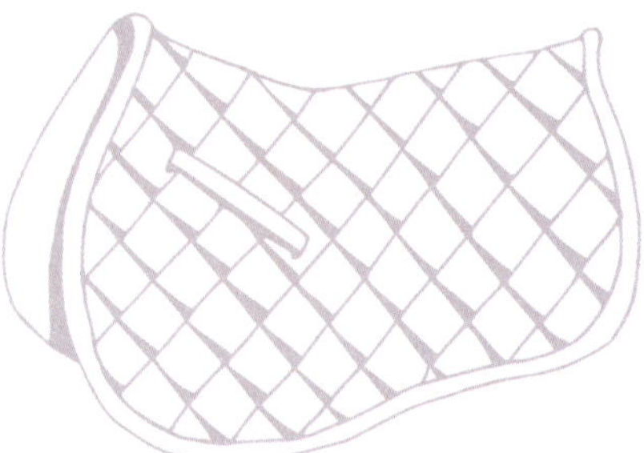

Tip numéro 2

Nettoyer ses tapis de concours

Afin de garder tes tapis de concours blanc immaculé, il faut certes les laver après chaque utilisation avec du détachant (car on connaît tous la fameuse trace du cuir de la selle après chaque épreuve), mais il faut aussi les préserver de l'humidité et des saletés. Pour cela, rien de plus facile que d'aller chez ton fabricant de meubles suédois favori où tu pourras dénicher de superbes sacs faits pour ranger les couvertures de lit, qui sont parfaitement aux dimensions des tapis d'équitation ! Du nom de GÖRSNYGG ou bien PÄRKLA et à moins de 3 euros, ils permettent de ranger jusqu'à 5 tapis. Pratique pour s'organiser et les garder bien propres, même au fond des écuries !

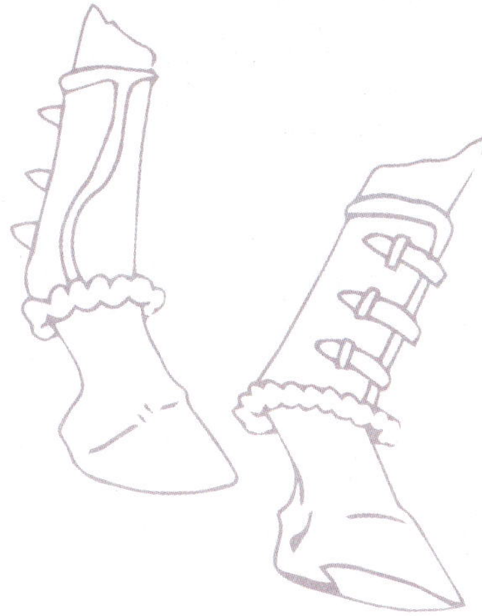

Tip numéro 3
Entretenir les protections

Pour entretenir tes protections, guêtres et protège-boulets, tu peux utiliser soit du produit à chaussures, soit du produit à nettoyer les surfaces plastiques. Ils sont vendus dans n'importe quelle grande surface ou magasin de bricolage à côté de chez toi. Il ne t'en coûtera que quelques euros et ils feront l'affaire pour la remise à neuf de tes plus belles paires de « protecs ». Cela les rendra brillantes comme au premier jour, de quoi rêver !

Tip numéro 4
Redonner un coup de jeune

Si tu souhaites recolorer des éléments en Alcantara qui auraient été tachés (une visière de casque, une bombe, un liseré sur des bottes, etc.), je te conseille d'utiliser du cirage. Sur du nubuck noir ou marine, un cirage coloré classique fera l'affaire. Il te permettra de redonner une nouvelle jeunesse à ton casque en un rien de temps.

Attention, cependant, à le faire aux beaux jours pour ne pas te prendre une averse le lendemain alors que ce n'est pas tout à fait sec, tu te retrouverais couvert de cirage par accident !

Leçon 5

Apprendre à gérer son STRESS

Dominer sa peur à l'obstacle

Si tu me suis sur mes réseaux, tu dois sans doute savoir qu'aujourd'hui je suis cavalière de dressage. Mais cela n'a pas toujours été le cas... j'ai commencé, un peu comme tout le monde je pense, par faire du saut d'obstacles ! Et je dois dire que ce n'était pas ma tasse de thé !

La crainte du saut

L'obstacle fait peur à beaucoup de cavaliers : il allie précision, parfois vitesse, et trop souvent précipitation. Cependant, ce n'est pas parce qu'il a l'air effrayant qu'il l'est vraiment. Pour affronter ses peurs à l'obstacle, il faut approcher sa séance en trois parties primordiales : d'abord trouver un cheval adapté en qui on a confiance, dédramatiser cette discipline et ensuite commencer par de petites barres. Cela semble plus facile à dire qu'à faire, et c'est le cas. Mais ce n'est pas impossible à surmonter, bien au contraire.

Bien s'entourer

Si tu as des craintes concernant le saut, je te conseille d'abord d'en parler à ton coach, qui pourra t'aider à aborder ta séance de manière plus détendue. Si tu montes en club, il pourra sans doute te mettre sur un cheval d'école (bien rôdé au saut), qui pourra t'aider à reprendre confiance en toi. Si tu as ton propre cheval et que tu n'as pas confiance à l'obstacle, tu peux prendre des cours sur d'autres chevaux, qui te permettront d'aborder cette pratique de manière plus sereine. Tu pourras travailler sur le plat avec le tien en parallèle, puis reprendre le saut avec lui quand tu te sentiras prêt. Dans tous les cas, il faut se trouver sur une monture qui ne nous fait pas peur et qui est fiable sur le saut.

Des objectifs de délais

Le mieux est de se fixer des objectifs à court et à long terme. Ainsi, tu peux définir un objectif mensuel, qui te permet d'obtenir rapidement des satisfactions dans ton travail quotidien, et en même temps déterminer une résolution annuelle, sur une saison de concours, pour te motiver.

Rester réaliste

Dans tous les cas, il faut évidemment que tes objectifs soient réalisables, de ton côté autant que de celui de ton cheval. Tu ne deviendras pas du jour au lendemain cavalier international, c'est sûr ! Le tout est d'y croire, de travailler, et surtout de dédramatiser l'impression de « stagner » à son niveau, car chaque cheminement et chaque parcours sont différents.

Être satisfait

L'avantage des plans à court terme est de pouvoir les atteindre, d'être satisfait de son travail et surtout de ne pas se mettre la pression en ayant l'impression de ne pas avancer. Il faut que les étapes de ta progression, que tu sois débutant ou confirmé, soient logiques, claires et atteignables. Ce sont les marches à gravir dans un futur proche, celles du chemin que tu veux emprunter dans ta vie équestre. Il suffit d'envisager une ligne de progression, seul ou avec ton coach pour t'épauler, puis de travailler dans cette direction.

Inutile de stresser quand tu sens que tu ne progresses pas, il y a toujours quelque chose à apprendre et du bon à tirer d'un entraînement.

La remise en question fait partie du sport et en particulier de l'équitation. Elle est indispensable à ta progression.

Échanger avec son coach

Il faut travailler avec un coach que tu connais et en qui tu as confiance pour que tout se déroule au mieux. Vous pouvez ensemble discuter des buts à atteindre pour vous mettre d'accord sur l'axe de progression à suivre.

Un équipement sécurisant

Pour avoir de l'assurance en selle lorsqu'on appréhende une séance, le mieux est d'être en confiance avec son cheval et avec son coach, mais aussi de porter un équipement qui sécurise l'entraînement. Voici quelques éléments qui peuvent te rassurer si tu stresses à l'idée de ton prochain cours de saut.

Prête à aller faire du jumping avec mon casque Egide® et mon airbag Horse Pilot®

Casque et gilet

Évidemment, le casque est obligatoire et indispensable, il protège le cavalier en cas de chute. Mais protéger la tête n'est pas la seule et unique chose à faire. Il vaut mieux anticiper les problèmes en protégeant aussi le dos. Il existe des gilets de cross coqués, que tu peux porter pendant toutes tes séances (et pas uniquement sur le cross) afin d'éviter des soucis de santé en cas de chute, mais aussi pour te rassurer lorsque tu es à cheval. Il est également possible de se procurer un gilet airbag, une technologie développée pour les cavaliers à partir des gilets airbag des motards.

Étrier Flexon®

Mes étriers ont une branche flexible qui se détache en cas de chute, sécurité et design à la fois !

Les gilets airbag

Ils fonctionnent de la manière suivante : tu portes le gilet qui est relié à ta selle par une lanière de tissu. En cas de chute, cette lanière se détache et déclenche la diffusion de la cartouche de gaz du gilet : celui-ci gonfle instantanément pour te protéger avant même que tu ne touches le sol. Il est à la fois ergonomique et sécurisant puisqu'il garantit une protection au cavalier sans le gêner dans ses mouvements à cheval.

Il existe des vestes de concours et des blousons compatibles avec ton airbag, que tu peux mettre par dessus celui-ci. Il devient alors « invisible », mais reste toujours fonctionnel. Cela permet d'être *fashion* tout en étant protégé : stylé en toute sécurité !

Attention à ne pas oublier de défaire la lanière avant de descendre de cheval, sinon tu risques de déclencher l'airbag et de gâcher une cartouche pour rien !

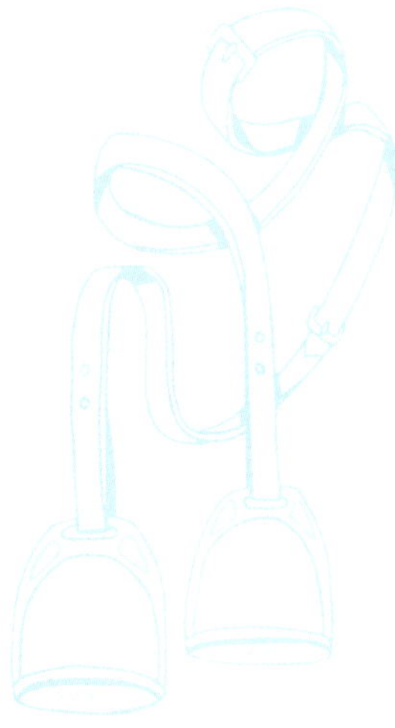

Une sécurité des étriers

D'autre part, il est également important d'avoir une sécurité au niveau des étriers. En effet, il ne faut absolument pas rester le pied coincé à l'étrier en cas d'urgence. C'est pourquoi le mieux est d'avoir un étrier spécial dont la branche peut se détacher et libérer le pied pour éviter une chute dangereuse. Il en existe beaucoup sur le marché, de toutes les couleurs et à tous les prix, tu en trouveras facilement.

Bien respirer pour se détendre

Le cheval est le miroir de l'homme, c'est pourquoi tout ce que tu ressens est ressenti par lui. Si tu stresses pendant une séance, il va aussi stresser, et tu stresseras un peu plus, c'est un cercle vicieux ! Il est donc essentiel de penser à te relaxer pour que tes émotions n'aient pas de conséquences sur ton cheval.

Confidence

Pour travailler ma respiration afin de gérer mon stress, j'ai consulté un sophrologue pendant de nombreux mois !

Les effets de la respiration

La respiration est primordiale pour se détendre, que ce soit pendant un cours de sauts, à l'approche d'un examen scolaire ou même avant d'entrer en piste lors d'un concours. Avoir un rythme régulier de respiration aide à gérer son stress. En effet, ralentir sa respiration et inspirer-expirer de manière régulière en faisant fonctionner correctement son diaphragme permet de diminuer le rythme des battements cardiaques et donc de relaxer tes muscles et tout le corps. Cela agit bénéfiquement sur ton système nerveux.

De plus, la respiration facilite la concentration en oxygénant à la fois ton corps et ton cerveau, ce qui améliore ton travail théorique et pratique.

Un exercice de respiration classique

Tu peux le réaliser régulièrement pour t'entraîner et le répéter avant un événement stressant afin de te relaxer et de rester « focus ». C'est personnellement celui que j'utilise avant des partiels ou avant de dérouler une reprise de dressage en compétition. Cela m'aide à me concentrer et à avoir les idées claires pour faire de mon mieux.

Étape 1 : tiens-toi bien droit, debout ou assis (ou même à cheval), relâche tes épaules et essaie de détendre ton esprit.

Étape 2 : inspire par le nez pendant 4 secondes en gonflant bien le bas du ventre, afin de faire fonctionner correctement ton diaphragme.

Étape 3 : bloque l'air et retiens ta respiration pendant 2 secondes.

Étape 4 : expire par la bouche pendant 4 secondes en relâchant bien tout l'air absorbé.

Étape 5 : bloque ta respiration pendant 2 secondes et recommence l'exercice !

Si tu n'y arrives pas

Si tu ne parviens pas à réaliser de tels exercices, car tu as trop de tensions musculaires et d'appréhension, pas de panique ! Tu peux alors envisager travailler avec un sophrologue : il t'aidera au niveau de la respiration et te donnera les meilleurs conseils pour reprendre en main ton corps en gérant ton stress.

Tu peux aussi choisir de t'orienter vers des exercices de méditation afin de te recentrer pour te sentir mieux à cheval.

FOCUS

Travailler avec un préparateur mental

Qu'on ait des objectifs de concours ou non, le mental reste très important dans les sports équestres. Il faut savoir se remettre en question, se dépasser, avoir envie de progresser et de toujours faire mieux. Pour cela, on peut se faire accompagner par des professionnels du mental.

Il faut faire la part des choses : cela se passe évidemment au niveau psychologique.

Pour un mental d'acier

Tu peux faire appel à un préparateur mental qui t'aidera à gérer tes émotions au service de ta performance sportive. À haut niveau, quasiment tous les sportifs, dont les cavaliers, sont suivis et accompagnés par des coachs mentaux, qui les aident afin de mieux performer.

Objectif concours

Confiance en soi

Progression

Un coach mental

Il a pour rôle de développer tes capacités intellectuelles en vue d'améliorer tes résultats à cheval. C'est le développement du théorique pour soutenir la pratique. Objectif : renforcer ton mental pour que tu sois en mesure de t'améliorer en selle ! C'est un travail de long terme : ce coach t'accompagne au fil du temps et de ta progression équestre pour suivre ton évolution mentale et sportive. Il te propose des exercices pour te rendre plus fort mentalement, gérer la pression de la compétition et celle du travail quotidien à cheval. L'accompagnateur peut aussi t'aider à adapter ton niveau de stress à la situation que tu vis : tous les types de stress ne sont pas néfastes, il y en a du bon (celui qui motive) et du mauvais (celui qui paralyse).

La préparation mentale passe aussi par la connexion qu'on établit avec son cheval : du temps auprès de lui ou bien des récompenses régulières... comme les carottes !

Mental Stress

L'atout du cavalier

Le psychisme a une force incroyable et non négligeable : une grande part du résultat du travail équestre réside dans le mental du cavalier. C'est donc un élément à prendre en compte si l'on souhaite s'améliorer à cheval : d'abord travailler sur soi et sur sa propre psychologie avant d'essayer de transmettre quelque chose à son cheval.

Performances

Leçon 6

Avoir SON PROPRE cheval

Devenir propriétaire

Acquérir son propre cheval, c'est embrasser du jour au lendemain des responsabilités nouvelles : un peu comme avoir un enfant, en fait ! C'est pourquoi il vaut mieux d'emblée avoir un guide des éléments à prendre en compte avant l'achat, mais aussi des choses à savoir une fois que ce nouveau membre a rejoint ta famille.

Où acheter un cheval ?

Aujourd'hui, on peut acheter des chevaux un peu partout : dans des écuries, en ligne, aux enchères… Le mieux est de s'inscrire sur des groupes de ventes de chevaux sur Facebook et de consulter les sites d'élevage des races qui te plaisent. Tu peux aussi choisir d'adopter un cheval dans une association de sauvetage ou dans une SPA (attention, avoir un cheval à « moindre » coût ne change en rien les frais ultérieurs de pension, de vétérinaire, etc.).

La visite vétérinaire

Quand on a craqué pour un cheval, avant de sauter le pas, on lui fait généralement passer une visite vétérinaire pour s'assurer qu'il n'a pas de soucis de santé. Tu peux demander à un vétérinaire que tu connais de te faire ce bilan.

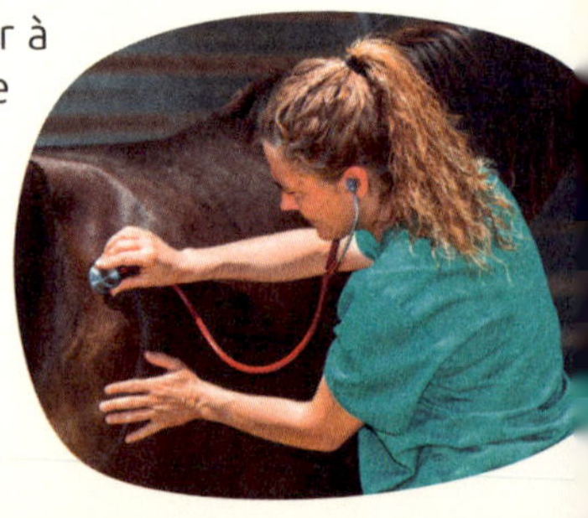

Un investissement financier

Posséder un cheval n'est pas un investissement modéré. Si le prix d'achat est extrêmement variable, celui des pensions l'est aussi. Quand on vit à la campagne, la location d'un box est beaucoup moins onéreuse que près d'une grande ville. Pour donner une fourchette de prix, la pension mensuelle moyenne peut varier entre 300 et 1 200 € selon la région, les installations, etc. À cela, il faut ajouter les frais d'assurance, de maréchal-ferrant, de dentiste, d'ostéopathe, de vétérinaire, les vermifuges, le remplacement du matériel usé, les engagements en concours… bref, une longue liste de dépenses supplémentaires ! C'est pourquoi il faut bien réfléchir avant d'acquérir un équidé et se renseigner sur les possibilités de pension autour de chez soi, afin de connaître les tarifs moyens dans la région où l'on vit et ne pas avoir de mauvaises surprises par la suite.

Confidence

J'ai eu Sligo quand j'avais 10 ans et lui à peine 6 ! Je l'ai acheté à l'élevage de l'Aulne et Khaleesi au Haras du L.H., en Mayenne, près du Mans. Je dois avouer que cela aide à gagner en maturité quand on a, si jeune, un cheval, cela forme le caractère et surtout apprend l'autonomie !

La pension, c'est super, on se fait des copains !

FOCUS Un cheval en demi-pension

Devenir propriétaire n'est pas forcément imaginable pour tout le monde, que ce soit par contrainte financière, géographique ou par manque de temps. Si tu veux faire *comme si* tu avais ton propre cheval, mais sans investir autant que s'il t'appartenait, prends une demi-pension.

Un cheval en partage

Prendre une demi-pension, c'est financer la moitié des frais de la pension d'un cheval de club ou de propriétaire pour avoir le droit de s'en occuper quelques moments chaque semaine. Il est aussi possible de prendre des *tiers de pension*, ou des *quarts de pension*, qui représentent donc un enjeu financier moins important puisque l'on paie uniquement un tiers ou un quart de la pension du cheval concerné. Dans tous les cas, on n'est pas propriétaire de l'équidé, on est simplement son cavalier régulier. C'est un avantage au sens où ce n'est pas un investissement financier aussi grand que l'acquisition. De plus, on n'en devient pas dépendant : on peut mettre fin à la demi-pension quand on le souhaite, en prévenant les propriétaires du cheval à l'avance. Cette démarche réduit les contraintes financières de long terme et les coûts extérieurs comme les frais vétérinaires.

Confidence

J'ai eu moi-même une demi-pension sur un cheval de dressage pendant plusieurs mois. C'était l'ancien cheval de concours de ma coach et il m'a permis de beaucoup progresser sur mes entraînements et en concours.

Tu peux aussi publier une annonce de recherche de demi-pension en ligne si tu ne trouves personne dans tes écuries.

Une demi-pension en club

Si tu montes en club, tu peux essayer de discuter avec le gérant du centre équestre ou directement avec des propriétaires qui ont des chevaux en pension. Ils te diront si tu as le niveau pour prendre une demi-pension, à savoir pour t'occuper d'un cheval en autonomie. Dans tous les cas, tu peux demander à être encadré si jamais tu n'estimes pas pouvoir gérer une demi-pension tout seul. Il faut ensuite faire quelques essais avant de trouver la monture idéale à ton niveau et à ta personnalité. Par la suite, tu n'as qu'à communiquer directement avec le propriétaire du cheval pour savoir ce que tu as (ou n'as pas) le droit de faire avec son cheval. Par exemple, certains propriétaires autorisent les demi-pensions pour le dressage et non pour l'obstacle.

Longer son cheval

Pour travailler son cheval, on peut le monter ou pratiquer le travail à pied, notamment en le longeant. La longe permet de faire varier les exercices, en le musclant sans le poids du cavalier sur son dos.

Avec ou sans selle

Pour longer ton cheval, tu peux utiliser un licol ou un bridon (en enlevant les rênes de ce dernier) auquel tu fixes la longe. Ensuite, tu peux soit choisir de mettre ta selle sur le dos de ton cheval ou le longer sans selle. Si tu optes pour la selle, n'oublie pas d'enlever les étriers ou de les remonter pour qu'ils ne gênent pas ton cheval. Pour simuler la selle et pouvoir fixer des enrênements, tu peux utiliser un surfaix (ci-dessous porté par le cheval sur la photo).

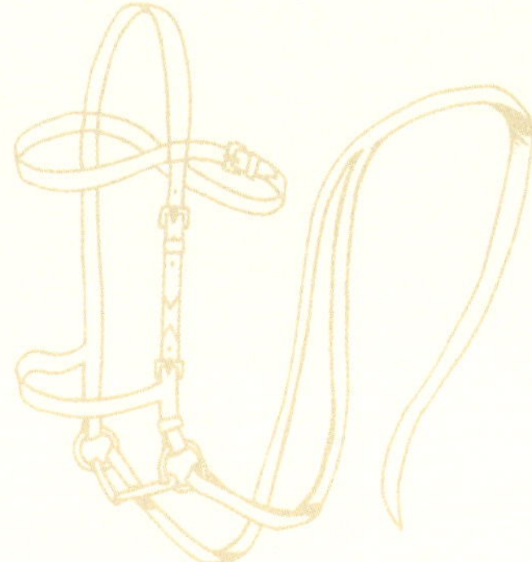

Avec des enrênements

Si tu souhaites travailler un muscle en particulier ou un élément ciblé, tu peux choisir de longer enrêné, c'est-à-dire avec des enrênements. Il faut évidemment en parler à ton coach en amont afin de trouver l'enrênement adapté à ton travail, et surtout pour qu'il te guide afin de l'utiliser correctement.

Choisir le bon espace et le bon moment

C'est l'heure de la séance de longe. Tu peux décider de travailler dans un rond de longe, prévu à cet effet, dans une carrière ou dans un manège. Avant de débuter ta séance, demande au responsable des écuries si tu peux longer dans ces espaces, car parfois, cela n'est pas possible en raison de l'entretien spécial de certains sols. Une fois que tu sais où tu longes, vérifie qu'il n'y a personne à cheval dans l'espace où tu travailles : un accident de longe peut être très dangereux, surtout si d'autres cavaliers sont dans la même aire que toi. Il faut impérativement s'isoler pour ne pas risquer d'entrer en collision avec d'autres cavaliers à cheval ou eux-mêmes en longe.

Rappel de sécurité

N'oublie pas de tenir la longe sans « t'enrouler » dedans. Il ne faut pas que tes mains puissent se retrouver bloquées. Au cas où tu serais dans l'obligation de lâcher ton cheval, tu dois pouvoir le faire rapidement sans risquer d'être pris dans la corde.

Les aides : voix et chambrière

Tu peux travailler en longe en utilisant uniquement la voix, avec des indications sonores pour guider ton cheval dans ses transitions et ses variations d'allure. Tu peux aussi t'assister d'une chambrière, qui est très utile pendant la période d'apprentissage par le cheval des codes vocaux que tu lui proposes.

Mathilde & Sligo

Personnellement, j'ai éduqué Sligo à la reconnaissance vocale (un peu comme sur Siri) avec des signaux simples : « galop » pour un départ au galop, « trotter » avec une intonation montante pour le départ au trot... J'utilise aussi le sifflement pour les transitions descendantes. L'avantage : ces codes installés dans le travail en longe sont réutilisables à cheval.

Monter seul

Monter seul n'est jamais évident, car il faut construire soi-même sa séance, évaluer sa position et l'attitude de son cheval sans avoir de regard extérieur sur les exercices que l'on effectue. Voici quelques idées de séances et quelques conseils pour te faciliter la vie.

Visualiser sa séance

Avant tout, imagine ce à quoi ta séance va ressembler : veux-tu travailler sur le plat ou à l'obstacle ? Souhaites-tu améliorer ta précision, ta direction, ton rythme, ta position ? Une fois que tu sais ce que tu veux faire, tu peux orienter ton travail. Il reste maintenant à construire ta séance avant de te lancer.

Attention à ne pas sauter de grosses barres tout seul, il faut rester vigilant !

Commencer par la détente

Commence par détendre ton cheval. Dans mon cas, j'aime bien marcher pendant 15 minutes en alternant le pas à main gauche et à main droite, en variant l'allure au pas. J'aime aussi mobiliser les hanches et les épaules de Sligo à la fin de ma détente avant de passer à l'allure supérieure. Je poursuis ensuite l'échauffement au trot et au galop en équilibre. Dès que c'est fait, je peux passer aux exercices sur lesquels je souhaite progresser.

Voici deux exercices que tu peux travailler seul, en attendant de pouvoir suivre des cours avec ton coach.

Le 8 de chiffre

Il permet de travailler l'incurvation sur des courbes aux deux mains. Le mieux est de répéter les variations d'allure sur chaque cercle et de resserrer les courbes et les tournants. Le but n'est pas de tourner en rond pendant 30 minutes, mais bien de créer des variations sur le 8 de chiffre au fur et à mesure du travail.

Les transitions

Tu peux travailler les transitions régulièrement, même quand tu es seul, afin d'obtenir de la stabilité et de la rectitude.

Par exemple, galope, puis, sur un doublé, repasse au trot, trotte 4 foulées, repars au galop à l'autre main et recommence. Tu peux imaginer plein d'exercices de transition simples et bénéfiques pour l'équilibre de ton cheval.

Corriger sa posture

Si tu montes dans des écuries où tu as des miroirs en bord de piste, tu as de la chance ! Tu peux alors regarder ton reflet pendant le travail et remarquer ce que tu dois améliorer.
Sinon, il existe aujourd'hui des caméras automatiques fixées sur un trépied que tu poses en bord de piste ou au centre. Elles sont capables de te suivre pendant ta séance, ce qui te permet de revoir des images de ton entraînement pour t'améliorer. Elles ont parfois une fonctionnalité Bluetooth qui te permet de les connecter à ton téléphone, tu peux alors travailler en ligne avec ton coach qui te donne un cours à distance, comme en visio !

Les maladies et leurs symptômes

Quand on s'occupe d'un équidé, il est indispensable de connaître les maladies et les différents troubles qui peuvent survenir pour les appréhender au mieux.

La colique

L'appareil digestif du cheval est fragile et sensible, il faut donc être vigilant pour éviter les coliques. Elles se caractérisent par des douleurs abdominales du cheval et peuvent être dues à une mauvaise alimentation ou à des coups de stress. La colique la plus fréquente est celle par obstruction : des aliments se bloquent dans son système digestif et comme il ne peut vomir, il ne parvient pas à les expulser. Les symptômes de ce type d'incident sont souvent les suivants : un cheval qui se couche, qui ne veut pas se relever et qui regarde ses flancs, qui se roule plusieurs fois d'affilée. En cas de tels symptômes, il faut directement appeler un vétérinaire pour gérer au plus vite la situation.

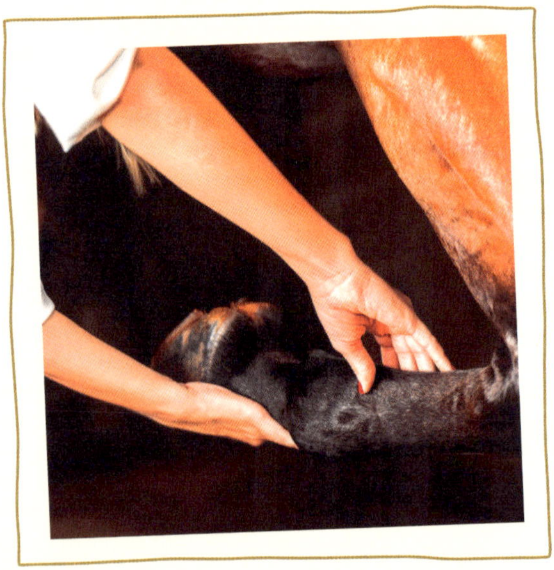

La fourbure

Elle se caractérise par une inflammation du pied, souvent sur les antérieurs. En général, le cheval boite, piétine, est réticent à donner ses pieds et a les pieds chauds. Dans ce cas, un bilan clinique est nécessaire pour évaluer la gravité de la fourbure et déterminer le processus à suivre.

L'uvéite

C'est une inflammation interne de l'œil qui se manifeste par des sécrétions lacrymales abondantes, une sensibilité à la lumière, un rétrécissement de la pupille, voire une modification de la couleur de l'œil. Il faut contacter un vétérinaire afin d'établir un bilan et connaître la démarche à suivre. C'est une maladie à prendre au sérieux, car c'est la première cause de cécité chez les chevaux.

Un œil de cheval en pleine santé
Il n'a pas de tache ni de reflets plus clairs au niveau de la cornée, si jamais tu vois une anomalie, parles-en à un professionnel de santé.

La dermite estivale

C'est un problème cutané fréquent chez le cheval, qui se manifeste par de très fortes démangeaisons dues à des allergies aux piqûres de moucherons. Le cheval se gratte en général au niveau de l'encolure ou à la base de la queue. Des zones à vif peuvent même apparaître à ces endroits-là. Il faut alors trouver des traitements (pommade, shampoing antiseptique…) pour apaiser les zones irritées et demander à ton vétérinaire les compléments alimentaires qui pourraient avoir une action anti-inflammatoire bénéfique.

L'emphysème

C'est une obstruction des voies respiratoires profondes. Un cheval emphysémateux a les symptômes suivants : des toux récurrentes, une dilatation des naseaux, des difficultés à respirer, surtout à l'effort. Il existe des traitements non médicamenteux, notamment des changements d'habitudes avec une réduction de la poussière dans l'environnement de ton cheval.

Si tu souhaites réaliser un bilan de santé de ton cheval, je te conseille une super clinique en Belgique : Equitom ! C'est une clinique équine connue où j'ai notamment emmené Sligo pour un bilan orthopédique.

Un cheval en bonne santé

Tout ce que tu observes chez ton cheval est lié à son alimentation : sa forme physique, la qualité de son poil et de ses crins, son énergie... C'est pourquoi il faut que ton cheval ait une bonne alimentation.

Que son aliment soit son médicament

Ce que nous mangeons agit sur notre santé. Comme pour nous, les humains, une alimentation adaptée et complète est donc indispensable à la santé de ta monture. Tous les chevaux ont des besoins similaires : accès à une eau de bonne qualité, à un fourrage ou une herbe fraîche... mais ils ont aussi des nécessités individuelles, selon leur santé et leur organisme personnel. Tu peux discuter des besoins de ta monture avec un coach, un vétérinaire ou un naturopathe, qui pourra te faire un bilan complet de sa digestion. Une fois que tu auras trouvé LA nourriture idéale pour lui, qui lui correspond au mieux selon son mode de vie et ses entraînements, tu verras sans aucun doute une amélioration de sa santé physique et de sa forme.

Les bonnes questions

Si ton cheval a d'importants problèmes de pied, comme une corne friable ou une corne cassante, réfléchis à sa nourriture avant d'utiliser des onguents. Peut-être a-t-il des carences en vitamines, en minéraux ? Ou simplement son alimentation n'est pas adaptée à son organisme.

Les dents de ton cheval

Le dentiste équin fait généralement un bilan annuel de la dentition de ton cheval. Si tu observes un amaigrissement soudain de ton cheval ou bien un changement dans sa morphologie, pense avant tout à consulter le dentiste pour vérifier qu'il n'a aucun problème : en effet, un cheval qui a mal aux dents a tendance à se sous-alimenter.

Les compléments alimentaires

Si tu le juges nécessaire, tu peux choisir de compléter la nourriture de ton cheval par des compléments alimentaires spéciaux selon ses besoins. Soutien musculaire, renforcement des articulations, beauté du poil, complémentation relaxante ou énergisante…, il existe de nombreux compléments que tu peux utiliser. N'oublie pas d'espacer leur prise de plusieurs semaines : ils sont généralement conçus pour être donnés sous la forme de cures d'un à deux mois et non en continu.

Un cheval a aussi besoin d'être aimé !

L'alimentation de ton cheval

L'alimentation et l'hydratation de ton cheval sont PRI-MOR-DIALES ! Voici quelques conseils pour te guider dans le choix et la répartition de sa nourriture et de sa boisson.

La ration de ton cheval

Naturellement, ton cheval a des besoins énergétiques et aussi des besoins en minéraux. Lui donner une ration de floconnés ou de granulés permet de compléter ses rations de foin journalières. Pour savoir lesquels choisir et surtout quelle quantité lui donner, je te conseille de t'adresser au gérant de tes écuries, ou à un professionnel, qui pourra t'aider à analyser ses besoins spécifiques et définir la ration idéale pour lui.

La bonne technique

Afin que ton cheval assimile au mieux les minéraux présents dans sa ration de grains, veille à ne pas la lui donner juste avant son foin, car ce dernier risquerait de « pousser » la ration de grains de l'estomac pour y prendre sa place. C'est pourquoi on commence souvent par donner le foin tôt le matin, puis la ration de grains un peu après et rarement dans l'ordre inverse.

À savoir !

Le cheval, contrairement à la vache, n'est pas un ruminant… il digère donc ses aliments directement après les avoir bien mâchés. En plus, son estomac est relativement petit, par conséquent, il est fait pour ingérer de petites quantités tout au long de la journée.

Que doit-il boire ?

Tu dois lui donner de l'eau, indispensable à toute forme de vie. Sa consommation en eau varie de 20 à 30 litres par jour, selon sa taille et son poids.

Le foin

Si ton cheval est au box, le fourrage est indispensable puisqu'il remplace l'herbe. De même, au pré, lorsque les terrains n'offrent pas l'herbe suffisante à l'alimentation quotidienne de ton animal, on peut placer du fourrage dans un râtelier pour la compléter. Le mieux est qu'il soit proposé à proximité d'un point d'eau, d'un abreuvoir, par exemple. Ainsi, ton cheval peut alterner entre son alimentation, qui ici est sèche, et son hydratation. Pour un cheval de 500 kg qui travaille, on donne généralement 10 à 12 kg de foin par jour.

La bonne technique

Pour savoir si ton foin est de bonne qualité, regarde sa couleur : il doit être proche du vert. S'il est gris, c'est qu'il est moisi, ne le sers pas à ton cheval. S'il est trop poussiéreux à ton goût, secoue-le avant de le donner, tu peux même l'humidifier.

Mathilde & Sligo

Sligo a du foin à volonté et deux rations de grains par jour.

FOCUS

DIY bonbons pour chevaux

Carottes, pommes, bananes... nos chouchous sont souvent gâtés ! Il existe aussi des sachets de friandises pour les récompenser. Mais quoi de mieux que le fait maison ? Pour remplacer ces aliments industriels, voici une recette simple, rapide et efficace qui ravira les papilles du plus gourmand des écuries !

Pour 1 cheval très gourmand

Cuisson : 45 minutes

1 pomme • 2 bananes • 1 carotte • 1 cuillerée à soupe de miel • 15 cuillerées à soupe de flocons d'avoine

Préchauffe ton four à 150 °C. Épluche tes fruits et légumes et enlève les pépins de la pomme. Découpe des petits dés de carotte et de pomme.

Écrase tes bananes dans un saladier à l'aide d'une fourchette et incorpore dedans des petits dés de pomme et de carotte.

Verse les flocons d'avoine et le miel dans le saladier et mélange jusqu'à obtenir une pâte homogène.

Forme des petites boules de pâte dans la paume de ta main, puis dispose-les sur une plaque de cuisson recouverte de papier sulfurisé. Tu n'as plus qu'à enfourner tes friandises pour 45 minutes !

Laisse-les refroidir avant d'en donner à ton cheval. Tu peux les conserver dans une boîte ou un sachet hermétiques et lui en proposer plusieurs jours après ton après-midi de cuisine !

Tous les chevaux sont gourmands et apprécient les friandises, mais ils aiment aussi les câlins !

Leçon 7

Prendre SOIN de son cheval

Argile et bandes de repos

Bien que le cheval soit un animal robuste, il reste très sensible, c'est pourquoi il faut être aux petits soins pour lui. Pour soulager les tissus de ton compagnon, ainsi que les tendons et les articulations de ses membres, il existe différentes techniques. Les plus utilisées, que tu peux mettre en place toi-même sans faire appel à un professionnel, sont l'application d'argile et la pose de bandes de repos.

Mathilde & Sligo

J'utilise l'argile avec Sligo quelques fois par an, généralement quand il a fourni un effort important : par exemple en revenant d'une journée à la plage ou après une randonnée.

Les bienfaits de l'argile

L'argile possède de nombreuses vertus pour la peau et les muscles. Elle s'achète sous forme de poudre à mélanger à de l'eau ou sous forme de pâte prête à l'emploi. Elle se pose en couche épaisse sur la zone à traiter, à rebrousse-poil pour la première couche, et dans le sens du poil pour la seconde.

Elle peut servir à favoriser la récupération des tendons du cheval après un effort, car elle resserre les tissus. De même, elle permet de désengorger les membres après un effort important ou si le cheval est sujet à des engorgements fréquents. Elle aide aussi à soulager un léger coup que le cheval aurait pu recevoir.

Le rôle des bandes de repos

Les bandes de repos protègent pendant le transport, mais pas seulement ! Mettre des bandes de repos autour des tendons de ton cheval aide leur récupération après un effort important, comme un après-midi sur la plage ou bien une grosse séance de dressage. Elles soutiennent et soulagent les tendons au repos tout en favorisant la circulation sanguine.

Comment poser une bande de repos ?

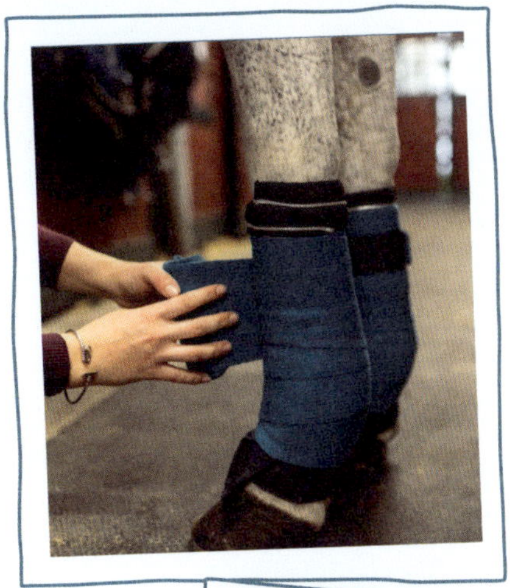

1. Nettoie d'abord le membre de ton cheval pour qu'il soit propre.
2. Pose une sous-bande de coton (ou une flanelle) sur le membre afin d'envelopper le tendon.
3. Commence à rouler la bande aux trois quarts de la hauteur du tendon. Il faut qu'elle s'enroule en allant vers l'arrière du corps du cheval quand elle est à l'extérieur et remonte vers la tête du cheval au moment où elle passe entre ses deux membres.
4. Enroule du haut vers le bas, en descendant le long du membre et en inclinant la bande légèrement, puis incline davantage pour envelopper le boulet.
5. Puis remonte ta bande, en maintenant la pression, jusqu'en dessous du genou, là où tu pourras la scratcher.

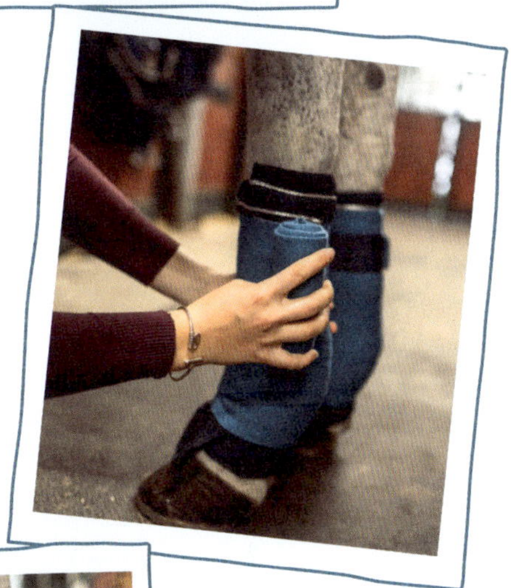

Le massage et le shiatsu équins

On a vu se développer depuis quelques années une attention toute particulière envers les médecines alternatives qui concernent le cheval. Les séances de massage et de shiatsu sont désormais presque « communes » pour nos amis à quatre pattes, alors qu'il y a peu, elles nous étaient réservées.

指圧

Qu'est-ce que le shiatsu ?

Le shiatsu est une technique de massage énergétique venue tout droit du Japon. Il peut être thérapeutique, pour aider à soigner une pathologie particulière (en complément d'un suivi vétérinaire) ou relaxant, afin de détendre. Il agit sur le système nerveux et permet donc la détente et la relaxation du cheval. Une séance de shiatsu se caractérise par des pressions et des étirements effectués sur le corps du cheval afin de le rééquilibrer énergétiquement. Cette médecine parallèle aide à résoudre différents problèmes sur des chevaux où l'on pensait avoir « tout essayé » : il peut aider à lutter contre la dermite estivale et contre la gale de boue entre autres.

Mathilde & Sligo

Sligo a une séance de shiatsu tous les deux mois environ et cela lui permet de se recentrer sur le plan énergétique et de se détendre. Il est toujours beaucoup mieux au travail les jours suivants la séance !

La bonne technique

Tu peux aussi masser ton cheval toi-même : applique du *cool* gel (ou *ice cool* gel ou gel rafraîchissant, selon les marques) sur la zone à masser, le dos, la croupe ou les membres, par exemple. Ensuite, fais des pressions avec la paume des mains et les doigts, puis des mouvements circulaires… comme pour un massage « humain », finalement !

Le massage équin

Il diffère du shiatsu en ce qu'il n'agit pas sur les points énergétiques, mais sur les tensions musculaires, comme un massage pour nous, humains. Il peut se faire à la main ou avec des machines spécialisées chez des masseurs professionnels. Tu peux aussi te procurer une machine de massage pour une somme d'environ 45 euros en sellerie. Elle te permettra de masser le dos de ton cheval pour l'aider à récupérer après l'effort.

Leçon 8

Développer sa PERSÉVÉRANCE

Patience et travail

Rien n'est jamais acquis ! Cette phrase me rappelle les profs de maths du collège… et je dois avouer qu'ils n'avaient pas vraiment tort. Les tables de multiplication n'entrent dans nos mémoires qu'en les répétant, et je suis désolée de te l'apprendre, c'est à force d'entraînement et de répétition que l'on parvient à ses fins à cheval !

Progrès

" Rien n'est jamais acquis à l'homme… "

Louis Aragon

Comment progresser

Tout d'abord, le *goal* numéro 1 à cheval, c'est quand même d'avoir une bonne position et de bien tenir en selle ! Mais comment faire ? Il semble y avoir plein de méthodes et de techniques toutes différentes les unes des autres… alors je t'ai préparé un petit guide du bon cavalier avide de progrès, avec des conseils que tu peux mettre en pratique dès maintenant afin d'améliorer ton équitation. Bien sûr, ils sont valables sur le long terme : on ne progresse pas radicalement en une seule séance. Il faut de la minutie, de la patience et beaucoup de travail, c'est pourquoi la motivation est la clé de la réussite à cheval.

« Une bonne équitation, c'est beaucoup de travail et un corps sain ! »

Persévérance

Travail

Exercices

S'adapter à sa monture

La remise en question quotidienne est aussi l'une des choses les plus importantes. Et l'équitation en est le parfait exemple : on a beau travailler beaucoup et avec précision, progresser de jour en jour, on n'est pas préparé à tout, surtout si on a ses habitudes avec sa propre monture. Passe d'un poney énergique à un cheval plutôt calme, de 1,80 m au garrot, et tu verras par toi-même que tout est différent dans la manière d'aborder les exercices. Il faut s'interroger constamment, travailler sur ses défauts et adapter sa monte à chaque cheval, et c'est là toute la particularité de notre sport : on travaille non pas seul, mais à deux.

Pour ne pas rester figé dans ses habitudes, il faut varier les entraînements et essayer de monter d'autres chevaux que le sien (ou que son cheval préféré) pour découvrir autre chose et acquérir de nouveaux réflexes : il faut exercer son adaptabilité !

Pour progresser

Trois étapes :

1
Ne pas sécher les heures de mise en selle.

2
Travailler avec des exercices ciblés.

3
Regarder les autres monter.

L'équitation, c'est l'école de la vie : avoir à la fois l'impression de progresser en permanence et de ne jamais rien savoir.

Patience

FOCUS Pour progresser à cheval

Si tu souhaites travailler sur ta position à cheval en te concentrant sur tes défauts, tu peux effectuer des exercices ciblés qui te permettront de transformer tes faiblesses en forces. En voici quelques-uns parmi mes favoris pour monter comme Isabell Werth (ou presque) !

Exercice 1
Améliorer la position des coudes

On connaît tous ce défaut : les coudes décollés, plus communément appelés « coudes en canard » par les coachs. Pour remédier à ce fléau, c'est facile : munis-toi d'une paire de guêtres de dressage (ou de flanelles) et utilise-les en guise de « cale ». Tu n'as qu'à les placer entre tes coudes et ton buste. Le but de ta séance est désormais de travailler sans décoller tes coudes, au risque de faire tomber les guêtres. C'est un exercice facile à mettre en place et qui a l'air simple en pratique, mais qui est en réalité beaucoup plus difficile qu'il n'y paraît.

Exercice 2
Trouver la bonne hauteur des mains

On a tous des soucis avec la position des mains : soit trop hautes, soit trop basses, soit trop écartées… pour éliminer ce défaut, j'ai l'habitude d'utiliser une poignée sur ma selle. Je l'attache au niveau des anneaux de mon pommeau et je la tiens avec mes petits doigts pendant l'entraînement.

Confidence

La position de mes mains est l'un de mes principaux défauts, et même après quelques années, je la travaille encore : pas de panique si tu ne progresses pas du jour au lendemain, tout s'acquiert avec le temps !

Exercice 3
Cesser de jouer aux essuie-glaces avec les jambes

Les jambes qui bougent en permanence… un classique ! Pour renforcer leur stabilité, je te conseille d'utiliser la même technique que pour l'exercice 1 : cale une paire de guêtres entre tes mollets et les flancs de ton cheval. Une nouvelle fois, le but est de trouver la juste pression des jambes pour ne pas faire tomber les guêtres pendant la séance.

Regarder les autres monter

Pour continuer à progresser, rien de mieux que de regarder ce que font d'autres cavaliers. Il faut savoir les observer, s'inspirer de leurs techniques et de leurs méthodes, puis tenter de reproduire dans son propre travail ce qu'il y a de bon chez eux.

Se filmer pour connaître ses défauts

Si tu as quelqu'un de disponible pour te filmer pendant ton entraînement, alors, saute sur l'occasion ! Tu pourras te regarder à cheval, découvrir d'un regard de spectateur ce à quoi tu ressembles quand tu montes et surtout mettre des images sur le ressenti que tu as en selle.

Observer les personnes de ton club

En regardant tes amis du centre équestre pendant leur cours, tu peux essayer de détecter leurs qualités à cheval et leurs défauts de position. Écoute ce que le coach leur dit, la façon dont ils appliquent les conseils pendant leur entraînement, et suis même leur évolution. Tu peux aussi en parler avec ton coach, qui peut te décrire ce qu'il voit « en direct » afin que tu puisses mieux l'analyser. Cela te permettra de développer ton « œil ».

Confidence

J'adore observer les cavaliers de haut niveau dérouler leur Freestyle de dressage. C'est une reprise libre en musique, qui consiste en un enchaînement de figures sur le carré. Elles sont rythmées par la musique qui dynamise la reprise, cela ressemble presque à un ballet de danse. En plus, chaque reprise est unique puisqu'elles sont toutes créées par les cavaliers qui les déroulent, donc pas le temps de s'ennuyer !

Regarder les cavaliers internationaux

Finalement, tu peux aussi et surtout te pencher sur les vidéos des reprises de dressage ou de parcours de saut des grands cavaliers. On en trouve beaucoup en ligne, gratuitement, et tu peux même suivre les épreuves en direct lors de grands championnats. L'avantage est que les reprises de dressage, par exemple, sont presque toujours commentées en direct par des cavaliers professionnels et/ou des coachs. Tu peux ainsi faire ta propre analyse, puis écouter le commentaire comme s'il était une correction.

Olivier Robert vainqueur du Grand Prix 5* de Rome 2021

Jeanne Hirel et son poney Vedouz de Nestin, doubles médaillés d'or aux Championnats d'Europe de saut d'obstacles Poney 2021

La bonne technique

Mon astuce quand tu montes à la maison ou bien le jour d'un concours, imagine-toi dans la peau de Kévin Staut aux jeux Olympiques : la pression sur tes épaules, la foule dans les tribunes autour de la piste… d'un coup, tu traceras ton parcours avec beaucoup plus de précision et de propreté, je te l'assure !

*Fake it until you make it**, comme on dit 😉

** Fais semblant jusqu'à ce que ça marche.*

FOCUS Les personnalités inspirantes du monde équestre

Pour être motivé, il faut être entouré des bonnes personnes. Quoi de mieux, dans ce cas, que de suivre des profils inspirants ? Voici une sélection de cavaliers que tu peux suivre dans les médias et sur les réseaux sociaux.

J'ai eu la chance de rencontrer Lorenzo et ses chevaux camarguais en Normandie à l'occasion du tournage d'un film, en 2020. Je l'avais déjà vu en spectacle plusieurs fois, notamment au Saut Hermès, mais sur la plage, c'était encore plus impressionnant de le voir évoluer avec ses chevaux en liberté !

Pour découvrir des personnes inspirantes au quotidien, tu peux écouter le podcast « I am an Equestrian » qui est disponible sur toutes les plateformes. Il y a déjà de nombreux épisodes en ligne et j'aime notamment beaucoup celui de Julien Gonin.

Lorenzo International Horse Show

Mondialement connu pour ses prestations vertigineuses en voltige cosaque, Lorenzo dresse ses chevaux camarguais pour des spectacles forts en émotions. Il s'est déjà produit avec sa troupe aux quatre coins du monde, en faisant évoluer son troupeau en liberté sous les lumières de la scène.

Ilona Mezzadri

Ilona Mezzadri

Jeune prodige du saut d'obstacles, Ilona s'est fait connaître aux rênes de sa merveilleuse Callas Rezidal Z, il y a quelques années. Elle est maintenant sous les feux des projecteurs sur les pistes nationales et internationales et continue de nous faire vibrer sur le circuit.

Hassen & son cheval Peyo

C'est un quotidien hors du commun que vivent ces deux-là. Depuis qu'on a découvert à « Docteur » Peyo une faculté cognitive pour détecter la fin de vie en hôpital, il est conduit au chevet des personnes malades pour les rencontrer. Une histoire très touchante qui nous rappelle que le cheval est aussi un vecteur de communication et de bien-être, et qu'il est mieux que personne un lien fort entre les êtres humains.

Andy Booth

Pionnier de l'équitation éthologique, qu'il a notamment contribué à importer en France, il enseigne l'art d'écouter son cheval et de l'éduquer « dans le bon sens ». J'ai eu la chance d'assister à l'une de ses démonstrations aux Jeux équestres mondiaux de Caen, en 2014, et je dois avouer que c'était vraiment passionnant.

Programme sportif

Le secret d'un trot assis aérien : une bonne assiette, certes, mais aussi des abdos musclés ! Une belle position à cheval est aussi liée à ta musculature, donc aux sports que tu pratiques. Faire les box, c'est bien, mais renforcer ses muscles, c'est mieux. Tu trouveras ici quelques idées pour t'entraîner chez toi et progresser plus vite à cheval.

CIRCUIT 1

Fessiers et cuisses

- 20 squats
- 10 fentes avant de chaque côté
- 15 squats sumo
- 5 burpees
- 30 secondes de chaise contre un mur

Squat

Fente

Planche de côté

Mountain climber

CIRCUIT 2

Abdos

- 30 secondes de planche
- 30 secondes de planche côté x 2
- 20 russian twists
- 15 mountain climbers (ou exercice de l'alpiniste)
- 40 « touches-talons »

Un peu de fitness...

L'idéal consiste à répéter chaque circuit plusieurs fois de suite, avec 30 secondes à 1 minute de pause entre chacun d'eux. Tu peux, par exemple, faire l'enchaînement suivant :

CIRCUIT 1 ▸ CIRCUIT 2 ▸ CIRCUIT 1

N'oublie pas de t'étirer après la séance et de boire beaucoup d'eau pendant les heures qui suivent l'entraînement.

... sans oublier la cardio

N'oublie pas non plus de travailler ton cardio par de la course à pied ou d'autres sports tels que le kick-boxing. Deux à trois séances de sport par semaine, en plus des cours d'équitation, est une bonne moyenne afin de te renforcer musculairement sur le long terme. Il faut commencer progressivement : tu ne courras pas un marathon du jour au lendemain ! Essaie d'abord de faire un circuit comme ceux que je t'ai présentés plusieurs fois par semaine, tu pourras ensuite en enchaîner plusieurs.

Planche bras tendus

FOCUS

Snacks healthy pour les écuries

Si tu es étudiant, tu dois être comme moi : toujours pressé entre les cours et les écuries ! Cependant, il faut conserver une alimentation saine si l'on veut performer à cheval. Voici quelques idées de snack rapides à préparer pour manger en bord de carrière avant ton prochain cours de jumping !

Snack 1
Concombre au thon

1 concombre • 1 boîte de thon
125 g de fromage frais
Ciboulette

Écrase le thon et mélange-le avec le fromage et la ciboulette ciselée. Épluche le concombre et coupe-le en deux dans la longueur, retire toutes les graines jusqu'à former un creux au milieu. Garnis-le du mélange au thon. C'est prêt !

J'adore créer des sushis version « healthy », en plus, c'est super frais en bouche et facile à préparer ! Tu peux bien évidemment accompagner ce plat de la sauce de ton choix (même si mon cœur penche pour la sauce teriyaki) ainsi que de riz !

SNACK 2

Bagel saumon avocat

1 pain à bagel • ½ avocat
1 tranche de saumon fumé
Fromage frais

Préchauffe ton pain au four, puis garnis-le à ta guise avec le fromage, l'avocat et le saumon.

C'est le format parfait de sandwich à emmener aux écuries. En plus, il se mange chaud ou froid et se garnit selon tes goûts !

Snack 3

Sandwich de poivron

1 poivron • 1 rondelle de tomate
1 tranche de jambon
1 tranche de fromage à pâte dure
Quelques feuilles de salade

Coupe ton poivron en deux, vide-le de ses pépins, puis garnis-le avec les autres ingrédients.

Même concept qu'un sandwich, mais on retire le pain et on le remplace par un joli poivron coupé en deux. C'est super pratique et en plus, on évite tout le gluten d'une baguette de pain !

Les nouvelles technologies

Pour s'améliorer à cheval, des technologies se sont développées depuis quelques années. Des capteurs aux applications mobiles en passant par le cheval mécanique, il en existe de plus en plus et elles sont très utiles pour comprendre ses erreurs et trouver une voie de progression sportive.

Les applications mobiles

À la portée de tous, les applications équestres sur le téléphone sont de plus en plus nombreuses. Elles permettent de transformer les données que tu y entres en statistiques (nombre de fois où tu montes par semaine, type d'entraînements, résultats en concours…). Cela te permet de suivre tes progrès à cheval au quotidien et de connaître ton historique de progression. Tu peux aussi y intégrer tes objectifs futurs : le niveau de concours que tu souhaites atteindre, les championnats auxquels tu veux participer. Pratique et efficace !

Confidence

Personnellement, je suis de la vieille école et je préfère tout noter à la main ou dans les notes de mon téléphone… je m'y perds quand j'ai trop d'applis sur mon portable !

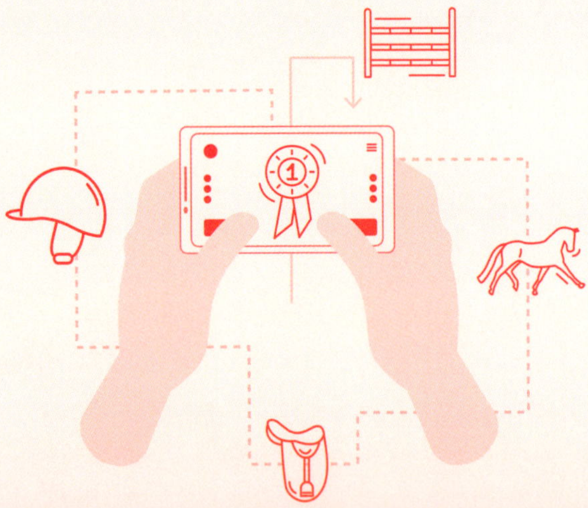

Les capteurs de sangle

Ce sont des petites capsules qui se placent au niveau de la sangle pendant ta séance. Elles permettent de suivre l'évolution cardiaque de ton cheval, son équilibre, sa régularité, son amplitude… Cela t'offre un bilan complet de ton entraînement, ce qui te permet par la suite d'analyser ce que fait *réellement* ton cheval pendant une séance, d'un point de vue statistique.

Le cheval mécanique

C'est un cheval, mais sans en être un… il s'agit ici d'une structure mécanique qui a la forme d'un cheval et qui reproduit les mouvements de ses allures. Il en existe de plus ou moins sophistiqués : certains sont basiques et d'autres sont accompagnés d'écrans qui simulent un entraînement de galop ou un parcours d'obstacles. Le cheval mécanique permet de travailler sur la pression que tu exerces sur tes rênes ou sur les flancs de ton cheval, sur l'impact de ton regard sur ta position… Il permet aussi de simuler une chute et d'apprendre à tomber *en douceur*. C'est un équipement que l'on rencontre dans les structures professionnelles, notamment dans le milieu des courses. Certains pros proposent des stages pour l'essayer, tu peux te renseigner dans des groupes Facebook dédiés pour en trouver.

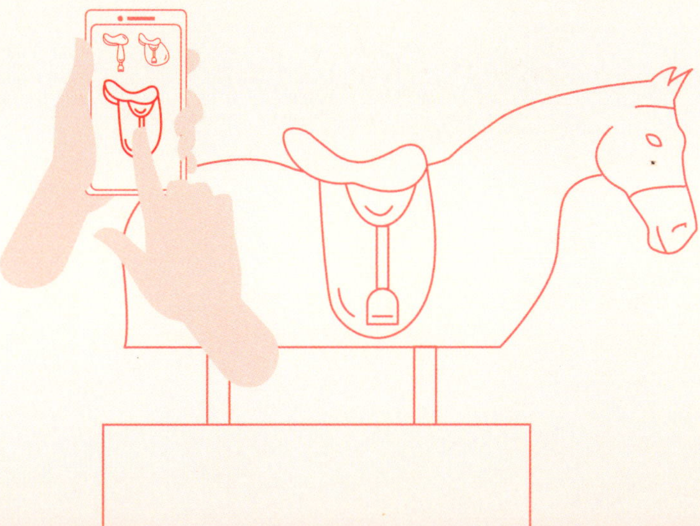

La selle connectée

Développée il y a quelques années, c'est un véritable bijou de technologie qui permet de suivre l'évolution du cavalier et celle du cheval pendant une séance. Elle reste encore onéreuse aujourd'hui et donc peu accessible à tous.

Confidence

Lors des Jeux équestres mondiaux de Caen en 2014, j'ai eu la chance d'essayer le cheval mécanique présenté dans le village exposant. L'équipe sur place m'avait fait enchaîner un parcours de sauts virtuels et c'était fantastique !

VOLTAIRE

Leçon 9

Sortir en COMPÉTITION

Compétitions et concours

Les terrains de concours sont un lieu prisé des cavaliers qui ont le goût de la compétition ou l'envie d'évaluer leur niveau. Mais à quoi correspondent les niveaux d'équitation ? Club, Poney, Amateur, Pro..., on s'y perd facilement, alors laisse-moi t'éclairer !

Ma tenue de concours préférée

Je porte mon frac de dressage marine de chez Lamantia Couture® et un pantalon blanc Samshield® avec du grip aux genoux. J'ai mes bottes Hathor® couleur caramel et mon casque Egide® Epona marine. Sligo porte, quant à lui, son bitless noir de chez Nalanta®.

Les compétitions Poney

Elles sont réservées aux personnes de moins de 18 ans (et de moins de 16 ans sur les concours internationaux) montant des poneys ou des petits chevaux de moins de 1,49 m au garrot et ferrés, avec une tolérance d'écart de toise de 2 cm.

Pour suivre toute l'actualité de la compétition Poney, je t'invite à suivre le magazine Poney As sur les réseaux sociaux et sur leur site internet.

Les compétitions Club

Toute personne montant en Club, peu importe son âge ou son niveau, peut y participer. J'ai moi-même commencé les concours de dressage en Club 3 et en Club 2 il y a quelques années.

Les compétitions Amateur

Il faut être titulaire de son Galop® 7 pour pouvoir obtenir la licence de compétition Amateur.

Les compétitions Pro

Comme le nom l'indique, elles sont réservées aux détenteurs d'une licence professionnelle. Elles rassemblent le plus souvent des cavaliers pros ainsi que des coachs ou même des cavaliers internationaux.

FOCUS Embarquer son cheval dans un van

Avant de partir en concours, il faut embarquer son cheval dans un van ou un camion, ce qui n'est pas toujours évident, surtout si ce dernier n'y est pas habitué. Comment bien embarquer son cheval dans un van ? Voici mes astuces et mes recommandations essentielles pour y parvenir.

La sécurité avant tout

Avant de transporter son cheval, il faut le protéger. Pour cela, j'utilise des bandes de repos avec des sous-bandes. Si tu as du mal à poser des bandes ou que tu es pressé, tu peux choisir d'utiliser des protections de transport à scratch, qui sont rapides et faciles à poser.

Dédramatiser l'embarquement

Il y a quelques années, il était presque impossible d'embarquer Sligo dans un van ou un camion, il restait toujours bloqué à l'entrée… difficile à croire quand on sait qu'il monte tout seul dedans maintenant ! J'avais, à l'époque, tout essayé : utiliser un stick, une gamelle de nourriture, des carottes… et rien n'avait fonctionné. Le mieux, selon mon expérience de propriétaire d'un poney capricieux, est d'ouvrir la porte avant ou le pont avant du van, ce qui crée un engouffrement de lumière et transforme l'aspect « boîte » du van en « couloir ».

Le guidage à l'intérieur du van

Ensuite, il faut être sûr de soi et emmener son cheval d'un pas déterminé. S'il stoppe ou essaie de passer à côté du pont arrière, le mieux est alors de se mettre face à lui, un stick à la main, et de guider son arrière-main vers le centre du van. S'il décale les postérieurs à droite, on repousse ses hanches avec le stick vers la gauche, jusqu'à ce qu'il soit de nouveau au milieu de l'entrée du van. Cela nécessite d'avoir en amont fait un travail au sol de mobilisation des hanches. Ensuite, il n'y a plus qu'à s'armer de patience pour que ce guidage vers le centre fasse comprendre à l'animal que sa seule option est d'aller droit devant lui, sans bifurquer à la dernière minute. Seuls quelques essais ont suffi à Sligo pour qu'il comprenne le mécanisme d'entrée dans le van. Cela peut cependant prendre davantage de temps.

Si ton cheval est stressé au point d'en devenir violent, c'est peut-être qu'il faut plus travailler au sol et établir une confiance avec lui avant de l'embarquer.

La solution

S'il a peur à cause d'un ancien traumatisme lié au transport, tu peux faire appel à un éthologue ou à un cavalier pro pour qu'il t'accompagne pendant la réalisation de l'exercice.

Mathilde & Sligo

Pour transporter Sligo, je mets un protège-queue afin d'éviter tout frottement avec la barre arrière du van ou avec la paroi du camion, ce qui risquerait d'abîmer la base de la queue. Les crins mettent des mois à repousser, il vaut mieux prévenir que guérir.

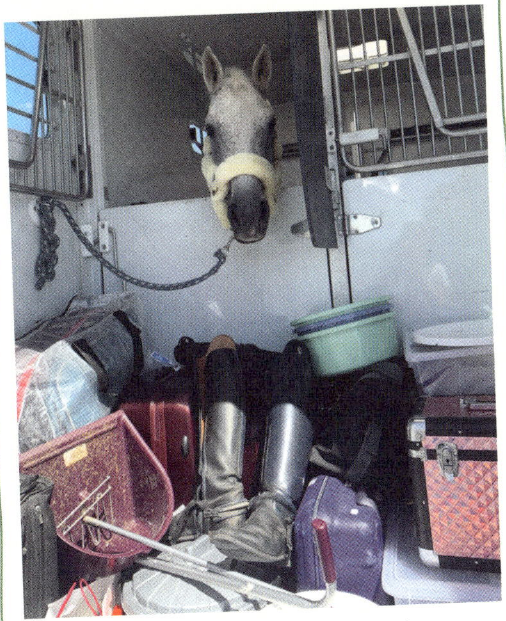

Je sais, il faut que je range mon camion !

Check-list pour ne rien oublier

Le jour du concours, on est toujours stressé et souvent pressé... Il est donc préférable de s'organiser en amont pour éviter d'oublier du matériel essentiel. Voici une petite check-list des affaires indispensables, selon moi, pour un week-end de concours réussi !

Confidence

Si tu fais du dressage, n'oublie pas d'enlever les guêtres ou les bandes de ton cheval après l'échauffement avant de dérouler ta reprise. Ça m'est arrivé de les oublier, au Mans, en 2018, et je peux dire que j'étais très déçue, car les juges me l'ont signalé en fin de reprise, j'ai donc perdu quelques points sur ma note finale et raté ma première place !

- ☐ **Ton pantalon blanc**

  Il vaut mieux ne pas l'oublier, au risque de devoir en emprunter un à quelqu'un à la dernière minute ou de devoir en acheter un sur un stand en bord de carrière !

- ☐ **Un imperméable**

  On le sait « concours pluvieux, concours heureux », encore faut-il pouvoir se protéger de la pluie !

- ☐ **Le carnet d'identité de ton cheval**

  Indispensable quand on transporte son équidé, surtout qu'on peut être contrôlé rapidement sur le terrain de concours.

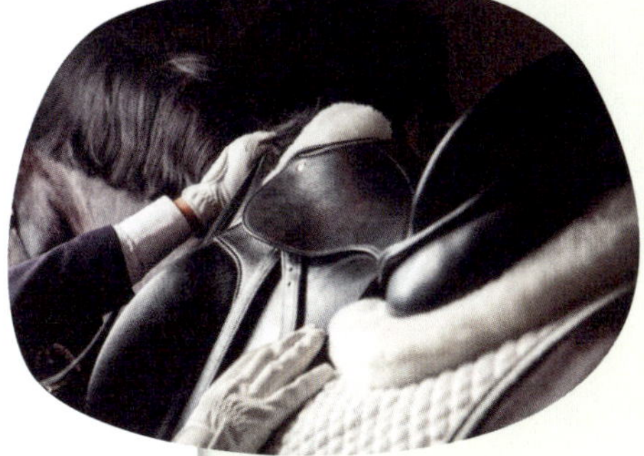

☐ **Ta sangle**

Si on oublie rarement de prendre sa selle, on peut en revanche oublier sa sangle sur une porte de box ou au fond de son casier avant de partir… Il est quand même préférable de la garder à portée de main.

☐ **Les élastiques à crins**

Il faut toujours en avoir sous la main. Si jamais tu en as besoin pour faire des pions, rattacher quelque chose qui aurait cassé ou bien t'attacher les cheveux.

☐ **Ton gilet de cross ou ton airbag**

Si tu fais du CSO, il est primordial de privilégier ta protection, quitte à remettre en question l'esthétique de ta tenue. Les gilets de cross sont souvent coqués et encombrants pour un parcours de CSO, tu peux alors opter pour un airbag avec une veste compatible ou une coque de dos à glisser sous ta veste.

☐ **Une pelle à crottin avec son râteau**

Pratique si tu dois nettoyer ton van en arrivant sur le terrain.

☐ **Un filet à foin**

Très important, en particulier si tu prépares ton cheval en l'attachant au camion sur le parking du concours. Cela évite de devoir poser le foin au sol et de le salir ou de le voir s'envoler s'il y a beaucoup de vent.

Pour rassembler toutes mes affaires, j'ai opté pour une grande malle de concours Equitarc®, ultra spacieuse et made in France.

FOCUS

La tenue de concours

Pour sortir en compétition, il faut porter un pantalon blanc. Mais, en ce qui concerne la veste de concours, il existe plein d'alternatives possibles. Voici ma tenue de concours pour le dressage et une autre pour le CSO.

La tenue de dressage
Tapis blanc et frac pailleté

En dressage, on a beaucoup de choix. On peut choisir une veste classique, un frac ou un mini-frac. Le frac est au dressage ce que la veste est au CSO : il est similaire, mais se singularise par sa double rangée de boutons à l'avant, ainsi que par une longue queue-de-pie, qui, une fois à cheval, tombe juste derrière la selle sur le dos du cheval. Il se porte souvent quand on commence à gravir les niveaux en termes d'épreuve. Plus discret, son petit frère : le mini-frac (comme le mien sur la photo ci-contre). Il ressemble au frac, mais il est plus court à l'arrière, donc plus discret.

En dressage, on peut ainsi mettre la veste qu'on veut, que ce soit en termes de forme ou de couleur. En revanche, on a moins de liberté en ce qui concerne la couleur du tapis puisque le blanc est obligatoire. Tu peux cependant choisir un tapis blanc à liseret coloré ou bien avec avec une rangée de strass pour briller le jour de ton épreuve !

Confidence

Mon mini-frac noir et doré vient de chez Lamantia Couture® et il est 100 % made in France.

À l'obstacle

En revanche, à l'obstacle, tu découvres le parcours q
dizaines de minutes avant de le faire. C'est ce q
l'épreuve peut-être plus stressante (en tout ca
moi !). Pour éviter de trop stresser, entraîne-toi à
des parcours types chez toi. Tu peux les enchaîner
en étant encadré par ton coach ou bien les dessine
tête, de mémoire. Plus tu réussis à mémoriser des p
en amont du jour J, plus tu seras en mesure d'y ar
un véritable terrain de concours.

Le jour J, sur le terrain

Marche ton parcours plusieurs fois le jour de la com
cela pourra t'aider à mieux t'en souvenir. En mêm
que tu le marches, visualise-le dans ta tête pour t'
en selle. Si tu passes en fin d'épreuves, tu as de la
tu peux regarder les premiers concurrents sur le
et visualiser le tour encore mieux. Cela peut auss
savoir quelles options prendre entre deux obstacle
sont les barres qui tombent le plus et quels sont les
les plus effrayants pour le cheval.

La couleur du casque assortie au bleu des barres, la classe, non !

La tenue de saut d'obstacles
Sobre ou flashy

En CSO, on peut choisir d'être très sobre ou très coloré, et cela de la veste au tapis, en passant même par les guêtres ! Parce que je suis fan du bleu, j'ai construit ma tenue de concours avec une veste « classique » marine de chez Pikeur®, accompagnée d'un casque Egide® avec de l'Alcantara bleu roi, qui dynamise le tout. Plus qu'à trouver un tapis bleu roi et le tour est joué !

Confidence

Je dois néanmoins avouer que j'aime aussi beaucoup les vestes rose fuchsia ou vert sapin... elles manquent encore à mon dressing !

Reter
reprises e

Oublier sa reprise ou son parc
en concours ! Et je crois que cela
Pour se rassurer le jour J, t
et la mémoire, qui eu

En dres

Dans cette c
t'entraîner s
même tout
à pied, com
le pire des c
les juges te
à réaliser. Si
épreuve pr
un talkie av
les bonnes

C'es
j'

Mathilde & Sligo

Quand je sortais en CSO avec Sligo, j'essayais de visualiser au maximum le parcours dans ma tête, puis d'anticiper ses comportements sur le tour, comme les écarts ou les potentiels ralentissements.

FOCUS

Les plus beaux concours à regarder

Rome, Wellington, Londres... des villes que tu connais de nom, et que tu as peut-être déjà eu la chance de visiter. Mais savais-tu que dans beaucoup de grandes capitales européennes, et même à l'échelle internationale, se déroulent des CSI 5* ou des étapes de Coupe du monde de la Fédération équestre internationale ?

J'ai eu la chance d'aller au CHIO en 2020. Sligo a même foulé l'herbe du grand stade mythique d'Aix-la-Chapelle... la classe, non ?

Le CHIO d'Aix-la-Chapelle

Malgré son nom qui semble français, cette ville de concours se situe en Allemagne. Aix-la-Chapelle se dit en réalité « Aachen » en allemand, et elle accueille l'un des plus grands rassemblements de cavaliers au monde, tous les ans, au début de l'été. On appelle d'ailleurs ce concours le Festival équestre international, car il rassemble plein de disciplines : obstacle, dressage, CCE, attelage, voltige… de quoi faire rêver !

Le Saut Hermès

Un CSI 5* en plein cœur de Paris, c'est possible ! La verrière du Grand Palais accueille chaque année les meilleurs cavaliers du monde pour des épreuves sur une piste éphémère en plein centre de la plus belle ville du monde : une épreuve mythique dans un des plus emblématiques monuments parisiens.

Le CHI de Genève

En Suisse se déroule chaque hiver un *indoor* légendaire : le CHI de Genève. La piste est immense et il y a même un lac artificiel au milieu, que les cavaliers doivent notamment traverser à cheval lors des épreuves Derby !

Roger-Yves Bost, Grand Prix de Rome 2021

Le Jumping de Rome

C'est au cœur de la capitale italienne, au milieu des vieilles ruines des thermes romains, que le Jumping de Rome prend place. Ville mythique, elle voit s'affronter les cavaliers de CSO les plus redoutables des sports équestres, comme les gladiateurs il fut un temps…

Longines Equita Lyon

C'est le plus grand salon du cheval de France, et ce n'est pas pour rien : il rassemble les étapes de la Coupe du monde FEI de Jumping, celles de dressage, les épreuves poney, de l'Équitation western ou encore des compétitions Jeunes Chevaux. Il y a de multiples carrières et tu trouveras sans aucun doute l'épreuve à ton goût !

HORSE PILOT

Leçon 10

Gérer les changements de SAISON

L'impact des saisons sur le cheval

Les changements de saison ont un impact conséquent sur la pratique des sports équestres : carrières gelées, chemins boueux, sols poussiéreux ou encore canicules sont des éléments qui perturbent les entraînements à cheval. Mais quelles conséquences ont réellement ces variations de temps sur les équidés ?

Le rôle des températures

Les modifications (brusques ou non) de température exercent une influence sur la thermorégulation* du cheval. Le corps d'un cheval s'adapte en effet à la température moyenne et au climat de la région dans laquelle il vit. Son organisme produit de la chaleur en hiver pour faire face à la chute des températures, et évacue le trop-plein de chaleur en été, quand le thermomètre remonte. On constate généralement que les chevaux résistent bien mieux aux basses températures qu'aux fortes chaleurs. Sligo, par exemple, adore trotter ou galoper dans la neige l'hiver, alors qu'en été il est beaucoup plus calme, comme s'il était parfois « anéanti » par la chaleur.

* Mécanisme d'autorégulation de la température interne du corps.

Le rôle de l'âge

Bien que cela semble une vérité générale, il est tout de même important de prêter attention à la façon dont nos chevaux, individuellement, affrontent les variations de climat, car certains peuvent être plus sensibles que d'autres. Les chevaux âgés, en particulier, peuvent être davantage sujets aux maladies lorsque les températures sont basses ou moins bien résister aux fortes chaleurs.

Un abri extérieur

Si ton cheval vit dehors, il est important, peu importe la saison, qu'il ait un accès à un abri, afin de se protéger soit du soleil, soit de la pluie s'il le souhaite. Il faut tout de même vérifier qu'il n'y ait pas de branches ou d'éléments à proximité de l'abri, dont le bruit sur le toit pourrait lui faire peur et l'empêcher de s'abriter.

L'été aux écuries

L'été est souvent synonyme de poussière et de forte chaleur, et si tu es déjà allé à Lamotte-Beuvron au mois de juillet, tu sais de quoi je parle ! Tu trouveras ici quelques astuces pour faciliter ton quotidien et celui de ton cheval, même pendant les jours les plus chauds de la saison estivale.

L'hydratation

Elle est indispensable tout au long de l'année, et surtout en été. Un cheval consomme en moyenne 20 à 30 litres d'eau par jour, et avec la chaleur estivale, il est primordial qu'il puisse s'hydrater correctement. Il existe quelques astuces faciles pour dynamiser l'hydratation de ton cheval et être certain que celui-ci boive. Tu peux, par exemple, ajouter des morceaux de carottes ou de pommes à un seau rempli d'eau : en voulant les attraper, ton cheval (généralement) boira une partie du seau, voire le seau entier.